아주 짧은
합스부르크사

# 아주 짧은
# 합스부르크사

———

유럽에서 가장 다사다난했던
한 가문의 이야기

**안드레아 C. 한저트** 지음 | **조한밀** 옮김

**책과함께**

# 차례

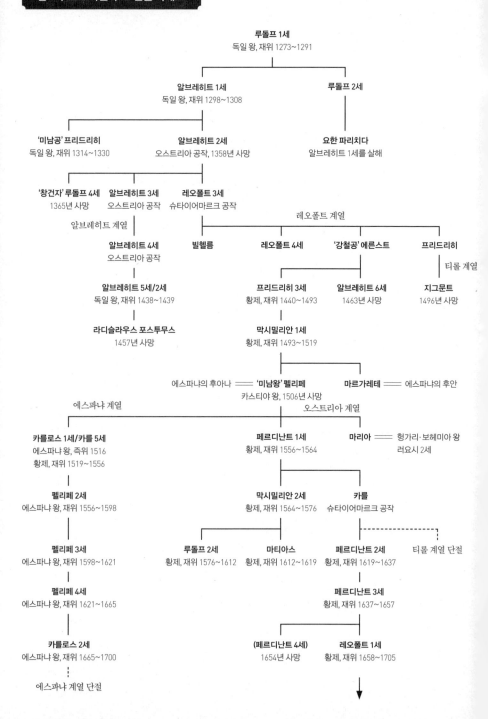

## 합스부르크 가문 주요 인물 가계도

**루돌프 1세**
독일 왕, 재위 1273~1291

**알브레히트 1세**
독일 왕, 재위 1298~1308

**루돌프 2세**

**'미남공' 프리드리히**
독일 왕, 재위 1314~1330

**알브레히트 2세**
오스트리아 공작, 1358년 사망

**요한 파리치다**
알브레히트 1세를 살해

**'창건자' 루돌프 4세**
1365년 사망

**알브레히트 3세**
오스트리아 공작

**레오폴트 3세**
슈타이어마르크 공작

레오폴트 계열

알브레히트 계열

**알브레히트 4세**
오스트리아 공작

**빌헬름**

**레오폴트 4세**

**'강철공' 에른스트**

**프리드리히**

티롤 계열

**알브레히트 5세/2세**
독일 왕, 재위 1438~1439

**프리드리히 3세**
황제, 재위 1440~1493

**알브레히트 6세**
1463년 사망

**지그문트**
1496년 사망

**라디슬라우스 포스투무스**
1457년 사망

**막시밀리안 1세**
황제, 재위 1493~1519

에스파냐의 후아나 ══ **'미남왕' 펠리페**
카스티야 왕, 1506년 사망

**마르가레테** ══ 에스파냐의 후안

에스파냐 계열

오스트리아 계열

**카를로스 1세/카를 5세**
에스파냐 왕, 즉위 1516
황제, 재위 1519~1556

**페르디난트 1세**
황제, 재위 1556~1564

**마리아** ══ 헝가리·보헤미아 왕
러요시 2세

**펠리페 2세**
에스파냐 왕, 재위 1556~1598

**막시밀리안 2세**
황제, 재위 1564~1576

**카를**
슈타이어마르크 공작

**펠리페 3세**
에스파냐 왕, 재위 1598~1621

**루돌프 2세**
황제, 재위 1576~1612

**마티아스**
황제, 재위 1612~1619

**페르디난트 2세**
황제, 재위 1619~1637

티롤 계열 단절

**펠리페 4세**
에스파냐 왕, 재위 1621~1665

**페르디난트 3세**
황제, 재위 1637~1657

**카를로스 2세**
에스파냐 왕, 재위 1665~1700

**(페르디난트 4세)**
1654년 사망

**레오폴트 1세**
황제, 재위 1658~1705

에스파냐 계열 단절

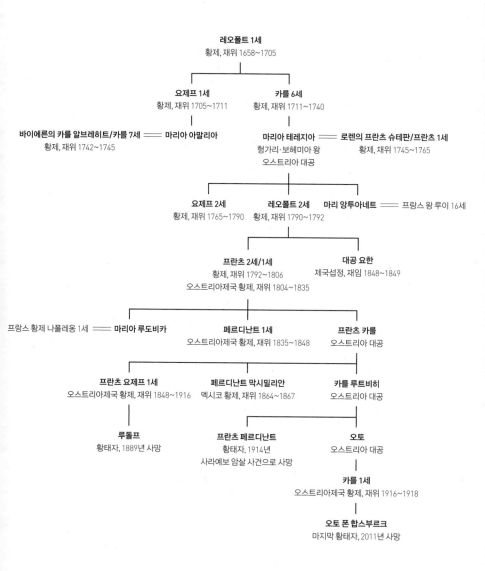

**레오폴트 1세**
황제, 재위 1658~1705

**요제프 1세**
황제, 재위 1705~1711

**카를 6세**
황제, 재위 1711~1740

**바이에른의 카를 알브레히트/카를 7세** ══ **마리아 아말리아**
황제, 재위 1742~1745

**마리아 테레지아** ══ **로렌의 프란츠 슈테판/프란츠 1세**
헝가리·보헤미아 왕
오스트리아 대공
황제, 재위 1745~1765

**요제프 2세**
황제, 재위 1765~1790

**레오폴트 2세**
황제, 재위 1790~1792

**마리 앙투아네트** ══ **프랑스 왕 루이 16세**

**프란츠 2세/1세**
황제, 재위 1792~1806
오스트리아제국 황제, 재위 1804~1835

**대공 요한**
제국섭정, 재임 1848~1849

**프랑스 황제 나폴레옹 1세** ══ **마리아 루도비카**

**페르디난트 1세**
오스트리아제국 황제, 재위 1835~1848

**프란츠 카를**
오스트리아 대공

**프란츠 요제프 1세**
오스트리아제국 황제, 재위 1848~1916

**페르디난트 막시밀리안**
멕시코 황제, 재위 1864~1867

**카를 루트비히**
오스트리아 대공

**루돌프**
황태자, 1889년 사망

**프란츠 페르디난트**
황태자, 1914년
사라예보 암살 사건으로 사망

**오토**
오스트리아 대공

**카를 1세**
오스트리아제국 황제, 재위 1916~1918

**오토 폰 합스부르크**
마지막 황태자, 2011년 사망

* '황제'는 신성로마제국 황제를 의미한다.
* 프리드리히 3세, 막시밀리안 1세, 카를 5세는 먼저 독일 왕으로 즉위한 후, 나중에 황제에 등극했다.
* '══'는 혼인을 의미한다.

일러두기

• 이 책은 Andreas Hansert의 *Die Habsburger*(Michael Imhof Verlag, 2009)를 우리말로 옮긴 것이다.
• 옮긴이가 덧붙인 해설 중 짧은 것은 〔 〕로, 긴 것은 각주로 표시했다.
• 인명, 지명 등 고유명사는 현재 소속된 국가의 언어를 기준으로 표기했다.
  – 예: 크라인(독일어) → 크란스카(슬로베니아어)
  단, 현재 소속된 국가의 언어보다 다른 국가의 언어로 더 잘 알려진 경우는 이를 따랐다.
  – 예: 수데티(체코어) → 주데텐란트(독일어)

# 프롤로그

합스부르크 가문은 세계사에서 큰 성공을 거둔 통치 가문 중 하나였으며 유럽에서 카롤루스 왕조 이후 명실상부한 최고의 명문가였다. 구舊제국Altes Reich[신성로마제국Heiliges Römisches Reich] 알레마니족의 서남부 영토에서 출발한 합스부르크 가문은 1273년에 루돌프 1세가 독일 왕으로 선출되면서 군주의 반열에 올라섰다. 그리고 1282년에 오스트리아를 봉토로 획득한 합스부르크 가문은 그곳에 터를 잡은 후 중부 유럽에서 군주제가 모두 폐지되는 1918년까지 무려 636년 동안이나 군주의 위치를 지켰다. 중간에 큰 고비가 있었지만 합스부르크 가문은 한 여성의 필사적인 노력으로 위기에서 벗어날 수 있었다. 이 여성은 바로 마리아 테레지아였는데, 그녀는 1740년에 아버지이자 전임 황제였던 카를 6세의 사망으로 합스부르크 가문의 남성 후사가 끊긴 상황에서 가문의 통치권을 굳건히 지켜냈다. 합스부르크 가문과 마찬가지로 비텔스바흐 가문이나 호엔촐레른 가문 등 다른 가문들도 영지에서 오랜 기간 통치권을 유지했다. 심지어 이러한 가문들은 남성이 강력한 지배권을 가지는 것이 가문의 통치 방식에서 필수불가결한 원칙이었던 당시에 남계 혈통도 끊이지 않았다. 하지만 구제국의 꼭대기에 있던 왕* 혹은 황제의 자리가 선제후Kurfürst**들의 선거를 거쳐서 결정되었기 때문에 세습이 불가능했다는 점을 고려하면, 합스부르크 가문에 필적할 만한 가문은 찾아보기 힘들다. 오토 가문과 잘리어 가문, 슈타우펜 가문이 왕위를 100년 정도 지켜냈던 반면, 비텔스바흐 가문과 룩셈부르크 가문은 100년도 못 채웠다. 벨프 가문처럼 중간에 잠시 왕좌에 앉았던 가문들은 말할 것도 없다. 이와 달리 합스부르크 가문은 400년 넘게 신성로마제국의 왕위 내지 황위를 지켜냈고, 1804년 이후부터는 오스트리아제국Kaisertum Österreich의 황제 자리에 100년 이상 머물렀다.

무엇보다 합스부르크 가문을 독보적으로 만든 것은 그들이 다스린 광활한 영토였다. 합스부르크 가문의 고향은 독일 지역이었고 이후에 본거지를 오스트리아로 옮긴 것은 사실이지만(오스트리아에 대한 지배권은 500년 이상 지속되었다), 합스부르크 가문은 권력의 정점을 찍은 16세

---

\* 로마에서 교황에 의해 황제로 대관하기 전까지 신성로마제국의 통치자를 지칭한다. 독일 왕(Deutscher König), 로마 왕(Römischer König), 로마·독일 왕(Römisch-deutscher König) 모두 같은 뜻으로 쓰인다.
\*\* 왕을 선출하는 투표권을 가진 제후를 가리킨다. 45쪽에 자세하게 설명되어 있다.

기에 이미 국가의 틀을 뛰어넘었다. 뛰어난 수완 때문이기도 했지만 합스부르크 가문은 무엇보다 혼인 전략과 가족 정책이 여러 행운과 맞물린 덕분에 영토를 대륙 전체로 확장할 수 있었고, 이후 시야를 전 유럽으로 넓혀 유럽 차원에서 생각하기 시작했다. 그 결과 합스부르크 가문의 영토 팽창은 16세기 후반에 절정을 맞이했다. 이때 그들은 오스트리아와 보헤미아에서 헝가리, 네덜란드, 에스파냐, 포르투갈, 남이탈리아의 여러 왕국, 중남미의 식민지 지역과 수많은 군소 지방에 이르기까지 방대한 영토를 통치했으며 독일 서남부에 남아 있던 가문의 본토와 아프리카 북부 해안의 거점들까지 다스렸다. 말 그대로 '태양이 지지 않는' 제국을 건설한 것이다. 여기에 더해 황제관도 중요한 역할을 했는데 합스부르크 가문은 이 시기에 황제관을 손아귀에 넣음으로써 신성로마제국의 통치권마저 장악했다. 물론 제국 내 영방 제후들의 권력에 부딪혀 제국에서 통치권을 강력하게 행사하긴 힘들었다. 합스부르크 가문이 이 넓은 영토 가운데 통치권을 끝까지 지켜내지 못한 곳도 있었다. 가령 1580년에 포르투갈을 통치하기 시작했지만, 1640년에 끝이 나고 말았다. 그에 반해 오스트리아와 에스파냐, 네덜란드로 연결되는 지정학적 삼각형은 근대 초기 200여 년이나 유지되면서 대륙의 정치를 좌지우지했고, 이 때문에 프랑스는 합스부르크 가문에 둘러싸여 큰 위협을 느끼지 않을 수 없었다.

합스부르크 가문은 뿔뿔이 흩어진 영토를 가문의 유대를 바탕으로 최대한 통합하려고 노력했으나 끝내 하나의 국민국가로는 통일하지 못했다. 지리적으로 볼 때 물적 연합[국가 그 자체가 결합해 같은 군주를 갖는 체제]을 이룬다는 것은 애초부터 거의 불가능한 일이었는데, 바로 이런 측면에서 합스부르크 가문이 인적 연합[동군연합同君聯合, 복수의 군주국이 동일인을 군주로 삼지만, 각각 독립국으로 존재하는 체제]을 오랜 기간 안정적으로 유지한 것은 놀라운 일이 아닐 수 없다. 각 지역의 독자적인 역사성은 합스부르크 가문이 통치하는 동안에도 짙게 남아 있었으며, 이런 현상은 합스부르크 가문의 통치가 끝난 후에도 퇴색되지 않고 근대적 독립 국가가 성립되던 시대에까지 이어졌다.

한편 합스부르크 가문은 복잡하고 광대한 영토를 다스려야 한다는 난제에 맞닥뜨려 초국가적 성격을 띠게 되었다. 카를 5세만 하더라도 태어난 도시가 겐트였기 때문에 자신이 부르고뉴 사람이라고 여겼다. 하지만 그는 에스파냐 왕위에 올랐고, 몇 년 후 독일 황제로 즉위했다. 카를 5세는 오스트리아와 연결고리가 약했고, 오히려 이탈리아와 지중해를 중심으로 군사 작전을 펼쳤다. 말년에는 권력에서 물러난 후 에스파냐로 돌아가 조용한 나날을 보내다가 눈을 감았다. 카를 5세의 동생인 페르디난트 1세의 경우에도 비슷했다. 그는 에스파냐에서 태어나 그곳에서 유년 시절을 보냈으나 오스트리아로 건너간 후 다시는 에스파냐 땅을 밟지 못했다. 페르디난트 1세는 정략결혼을 통해 헝가리와 보헤미아를 합스부르크 가문의 영토로 만들었고, 말년에는 카를 5세를 이어 황제관을 넘겨받기에 이르렀다. 이렇듯 카를 5세나 페르디난트 1세 같은 합스부르크 가문의 군주는 프랑스 왕과 달리 하나의 국가를 대표한다고 보기 어려웠다. 그럼에도 합스부르크 가문은 자신들이 지배하는 지역에 심대한 영향을 미쳤다. 특히 마르틴 루터가 촉발한 종교 분열의 시대에 유럽 각국이 어떤 방향으로 나아갈지는 전적으로 통치 가문의 운명에 달려 있었다. 통치 가문이 오랫동안 신민의 종파를 결정했고, 이로 인해 해당 지역의 문화와 관습까지 결정지었기 때문이었다. 유럽의 많은 국가들이 개신교로 넘어가는 시대에 합스부르크 가문은 로마 가톨릭과 반反종교개혁을 수호하는 핵심 세력으로 활약했다. 그러나 오스트리아와 보헤미아, 네덜란드 등 합스부르크 가문의 지배를 받는 많은 지역에서도 개신교 운동이 거세게 벌어졌다. 심지어 합스부르크 가문 내에서까지 비슷한 일들이 일어났다. 막시밀리안 2세(재위 1564~1576)만 보더라도 개신교에 호의적인 인물이었다. 물론 막시밀리안 2세는 황위와 로마 가톨릭교회 사이의 연계성을 고려해야만 했던 데다가 사촌이자 에스파냐의 강력한 왕인 펠리페 2세에게 은근히 압박을 받았기에 자제하지 않을 수 없었다. 합스부르크 가문의 일원 중 일부라도 유럽의 다른 통치 가문들처럼 개신교로 개종했다면 유럽의 역사는 분명히 달라졌을 것이다.

합스부르크 가문의 국제적 또는 초국가적 성격은 에스파냐 계열의 혈통이 오래전에 끊기고 저지대 국가* 남부(벨기에)가 독립을 쟁취한 치

---

* 중세 말 및 근대 초 스헬더강, 라인강 그리고 뫼즈강 주변에 위치한 일대를 일컫는 말로 오늘날의 벨기에, 네덜란드, 룩셈부르크, 프랑스 북부 일부와 독일 서부 일부가 포함된다.

세 후기에도 그대로 유지되었다. 1867년 이후 이른바 '제국 및 왕국 군주국k.u.k. Monarchie'으로 불린 도나우 군주국Donaumonarchie은 여러 민족이 혼재되어 있던 유럽 동남부에 질서를 잡아주는 핵심 요소였다.* 이런 혼합 군주국 안에서 합스부르크 가문의 본거지이자 독일어 사용 지역인 오스트리아는 여러 소수 집단 가운데 하나를 대표했을 뿐이다 (물론 그중 규모는 가장 컸다). 도나우 군주국은 오늘날의 프랑스보다 면적이 넓었는데, 전체 인구에서 독일어를 사용하는 사람은 4분의 1도 채안 되었다. 게다가 도나우 군주국에는 헝가리인과 체코인, 폴란드인, 세르비아인, 크로아티아인, 우크라이나인, 루마니아인, 슬로바키아인, 슬로베니아인 및 이탈리아인 등 다양한 민족이 섞여 살았다. 결국 발칸반도에서 발생한 극심한 민족 갈등이 1차 세계대전의 도화선이 되었고, 이는 합스부르크 군주국을 포함해서 독일의 모든 군주제 국가가 몰락하는 발단이 되었다.

이렇듯 시기적으로는 스물한 세대를 거쳐 중세부터 현대까지, 지리적으로는 알레마니족의 백국에서 출발해 대륙의 끝을 넘어 바다 건너미지의 땅에 이르기까지, 장대한 역사의 한가운데에 있던 합스부르크가문을 자세히 살펴보기로 하자.

---

* k.u.k는 독일어 kaiserlich und königlich('제국 및 왕국')의 약자로, 오스트리아제국 및 헝가리왕국을 가리킨다. 정식 국호는 '오스트리아-헝가리 군주국(Österreichisch-Ungarische Monarchie)'으로 이 책에서는 '오스트리아-헝가리제국'으로 표기했다. 도나우 군주국은 합스부르크 가문이 중세부터 1918년까지 동군연합의 형태로 다스린 유럽 동남부 영토를 말한다.

# 1장

•

# 합스부르크 가문의 기원

합스부르크 가문이 독일과 오스트리아, 그리고 이후 유럽 역사에 등장하는 과정에서 두 해가 결정적이었다. 하나는 1273년으로, 합스부르크 가문의 루돌프 1세가 독일 왕으로 선출된 해다. 다른 하나는 9년 후인 1282년으로, 루돌프 1세가 아들들에게 오스트리아를 봉토로 하사한 해다. 특히 1273년은 합스부르크 왕조 개창기에 중대한 전환점이 되었다.

하지만 합스부르크 가문의 기원은 루돌프 1세가 왕으로 선출되기 훨씬 전으로 거슬러 올라간다. 합스부르크 가문 사람들은 신성로마제국의 서남부 지방에서 영향력 있는 귀족이었는데, 그들의 뿌리는 알자스에 있었던 것으로 추측된다. 당시 합스부르크 가문은 중세 봉건 제도의 서열 구조에서 지위가 그다지 높지 않았다. 그들은 비록 백작 신분으로서 공적 주권을 행사하긴 했으나, 제국 제후 가운데 하위 그룹에 속했다. 합스부르크 가문의 시조가 누구인지는 확실히 말하기 어렵다. 다만 루돌프 1세가 왕위에 오르기 약 300년 전인 952년, 오토 대제 주위에 군트람이라는 인물이 거론되는데, 그는 합스부르크 가문 출신이었을 것으로 추정된다. 따라서 군트람은 역사의 어둠 밖으로 나온 최초의 합스부르크 가문 사람이라고 볼 수 있다. 한편 군트람보다 역사적으로 더욱 명확하게 파악되는 인물들이 합스부르크 가문의 입지를 다지는 데 일찍이 공헌했다. 그중에 스트라스부르의 주교였던 베르너(재임: 1002~1028)가 대표적이다. 베르너 주교는 오토 왕조의 마지막 왕인 하인리히 2세에게 비호를 받은 인물로서 당시에 막대한 영향력을 행사했다. 기록 간에 모순이 있으나 베르너 주교는 합스부르크 가문의 일원이었을 가능성이 크다. 어쨌든 베르너 주교는 가문의 이익을 위해 노력을 아끼지 않았다.

다른 한편으로 합스부르크 가문은 영토도 서서히 확장해나갔다. 그들은 다양한 귀족 가문, 특히 슈바벤 지방의 귀족들에게서 땅을 상속받으며 재산을 꾸준히 축적했다. 하지만 이 땅은 오늘날의 독일 서남부와 스위스, 알자스 지방에 여기저기 분산되어 있었고, 합스부르크 가문은 끝내 이것을 하나의 영토로 통합하지 못했다. 그러나 이렇게 뿔뿔이 흩어져 있는 지역에서 합스부르크 가문의 초기 역사와 초기 영토 팽창 과정에서 특별한 의미를 지니게 될 장소들이 차례로 등장했다. 한 예로 바젤과 취리히의 중간에 위치한 아르가우의 무리Muri 수도원을 들 수 있다. 합스부르크 가문의 일원(라트보트. 군트람의 손자로 베르너 주교의 형제)

스위스 아르가우에 위치한 합스부르크 성의 모습. 12세기에 합스부르크 가문은 이곳에서 살았으며, 가문 이름도 여기에서 유래했다.

과 결혼한 어느 부인이 1027년에 세운 무리 수도원은 초기 합스부르크 사람들의 영묘로 사용되었다. 하지만 가문 이름의 유래가 될 장소로 유명세를 얻기까지 100년 정도의 시간이 더 걸렸다. 그 장소란 다름 아닌 '합스부르크' 또는 '하비히츠부르크Habichtsburg'라 불린 성채로, 이 건물도 무리 수도원과 마찬가지로 아르가우에 세워졌다. 바로 이곳에 1108년

루돌프 백작이 독일 왕으로 선출되기 전에 알레마니족의 영토 가운데 소유했던 지역.

이후 합스부르크 가문의 발자취가 선명하게 남아 있다. 합스부르크 가문은 100년 이상 이 성채를 가문의 거점으로 사용했고, 이때부터 가문의 핵심 인물들이 스스로를 '합스부르크 백작'으로 칭했다. 하지만 시간이 흐르고 이 성채만으로는 합스부르크 가문의 커지는 야망을 채울수 없게 되면서 1220~1230년 이후 합스부르크 성은 신하들의 손에맡겨졌다.

합스부르크 가문은 일찍부터 오토 왕가나 잘리어 왕가, 슈타우펜 왕가 등 여러 왕가와 긴밀한 관계를 맺었다. 이러한 방식으로 권력과 영향력을 계속 키워나간 합스부르크 가문은 신성로마제국 서남부 지역에서 유력 가문으로 성장해 핵심적인 권력 집단으로 자리매김하는 데 성공했다. 따라서 신성로마제국에서 합스부르크 가문의 시대가 열리는 것은 시간문제였다. 그리고 1250년에 신성로마제국 황제 프리드리히 2세가 눈을 감으면서 마침내 기회가 찾아왔다. 프리드리히 2세의 사망으로 슈타우펜 왕조가 순식간에 몰락하자 신성로마제국은 약 20년 동안 대공위Interregnum* 시대라는 소용돌이에 휩쓸렸고, 그 결과 왕권도 송두리째 흔들렸다. 이처럼 손발이 마비된 제국의 어수선한 상황은 합스부르크 가문의 루돌프 1세가 1273년에 독일 왕으로 선출되면서 비로소 정리되었다. 결국 루돌프 1세를 시작으로 합스부르크 가문 출신의 일개 백작들이 왕위에 올랐다. 물론 합스부르크 가문이 황제관을 차지하기까지는 200년에 가까운 시간이 더 필요했다. 하지만 합스부르크 가문이 1273년에 귀족 서열의 꼭대기에 오르고 이때를 기점으로 신성로마제국을 대표하는 통치 가문의 반열에 들어선 것은 부인할 수 없는 사실이었다.

---

* 독일 역사에 슈타우펜 왕조 몰락 때부터 합스부르크 가문의 루돌프 1세가 즉위할 때까지의 시기, 즉 1250/1254년부터 1273년까지 황제의 추대가 제대로 이루어지지 않은 공백기를 뜻한다.

# 합스부르크 가문 이전의
## 오스트리아

현재 오스트리아에 해당하는 지역 대부분은 카롤루스 왕조 시대에 바이에른공국의 일부였는데, 당시 바이에른공국은 알프스산맥을 넘어 이탈리아 동북부까지 뻗어 있었다. 서기 976년, 케른텐이 먼저 바이에른공국에서 분리되어 독립 공국이 되었다. 그리고 같은 해에 황제 오토 2세가 케른텐을 제외한 바이에른의 동부에 있는 변경주Grenzmark를 바벤베르크 가문의 백작들에게 봉토로 하사했다. 이후 이 지역은 문서상 처음으로 '오스타리히Ostarrichi'라는 이름으로 불리게 되었다. 약 200년 후인 1156년, 황제 프리드리히 바르바로사가 소특허장privilegium minus을 통해 오스트리아를 변경백국Markgrafschaft에서 바이에른과 대등한 독립 공국으로 올려놓았다. 이로써 오스트리아는 바이에른에서 완전히 분리되었다. 이때 바이에른은 벨프 가문의 사자공 하인리히에게 돌아간 한편, 오스트리아는 그대로 바벤베르크 가문의 수중에 남았다.

그러다가 1246년, 수백 년 동안 오스트리아를 통치했던 바벤베르크 가문의 대가 끊겼다. 하지만 이 시기에 슈타우펜 가문의 황제들이 쇠락의 길을 걸으면서 대공위 시대가 열렸기 때문에 신성로마제국의 주요 법원들은 혈통이 단절된 오스트리아 문제를 해결할 여력이 없었다. 바로 이러한 권력 공백기를 틈타 야심가였던 보헤미아의 국왕 오타카르 2세가 오스트리아를 한동안 수중에 넣었다. 따라서 독일 왕으로 선출된 루돌프 1세는 오스트리아를 새로운 통치 가문에게 합법적으로 넘기기 위해 오타카르 2세가 불법으로 획득한 영토를 되찾아 신성로마제국의 처분권 아래 두는 일에 전념할 수밖에 없었다. 이것은 합스부르크 가문에게 역사적 기회였다. 루돌프 1세는 뒤른크루트 Dürnkrut 전투에서 오타카르 2세를 상대로 대승을 거둔 후 1282년에 자신의 두 아들을 오스트리아 공작 자리에 앉혔다. 1918년까지 계속된 합스부르크 가문의 오스트리아 통치가 시작되는 순간이었다.

당시의 오스트리아공국은 오늘날의 오버외스터라이히(엔스강 상부의 오스트리아, 즉 상ㅗ오스트리아) 연방주와 니더외스터라이히(엔스강 하부의 오스트리아, 즉 하ㅏ오스트리아) 연방주에 해당하는 지역으로만 구성되어 있었다. 케른텐과 슈타이어마르크, 티롤, 포어아를베르크, 잘츠부르크 등 다른 지역들은 공국과 백국, 대주교령과 같이 독립적인 통치 지역으로 존재했고, 중세 말기에 이르러서야 합스부르크 가문의 지배를 받기 시작했다. 특히 잘츠부르크는 나폴레옹 시대에 들어서서 비로소 합스부르크 가문의 영지가 되었다.

# 2장

합스부르크 가문 최초의 왕들과
1282년 오스트리아 통치의 시작

## 독일 왕 루돌프 1세

1273년 10월 1일에 선제후들이 독일 왕으로 합스부르크 가문의 루돌프 1세(1218~1291)를 선출함으로써 대공위 시대에 마침표를 찍었다. 백작에 불과했던 루돌프 1세를 왕으로 추대한 선제후들은 자신들의 야욕에 맞서지 못할 힘없는 후보자를 뽑았다고 여겼다. 하지만 루돌프 1세는 역량이 뛰어난 인물이었다. 루돌프 1세와 분쟁 중이던 바젤의 주교는 루돌프 1세의 선출 소식을 전해 듣고 "신이시여, 자리를 굳건히 지키시지 않으면 루돌프가 당신의 자리를 빼앗을 것입니다"라고 외쳤다고 한다. 루돌프 1세는 왕으로 선출되기 전에 이미 통치자로서 실력을 입증했다. 그는 논란이 되었던 상속 문제를 여러 가지 방법으로 해

슈파이어 대성당의 지하 납골당에 보관된 루돌프 1세의 묘석.

결함으로써 합스부르크 가문의 본토를 필사적으로 확장했고, 이때 무력 행사도 불사했다. 그는 슈타우펜 왕조를 지지한 진영에 속했는데, 슈타우펜 왕조의 몰락이 명백해 보이자 시기적절하게 거리를 두었다. 지략, 추진력, 상황 판단력 같은 자질들은 루돌프 1세가 왕위에 오르는 데 기반이 되었다.

　루돌프 1세는 왕으로 선출된 바로 그해에 자녀들을 세속 선제후* 가문의 일원들과 계획적으로 혼인시켰다. 새로 얻은 왕의 지위를 강화하고 안전하게 지키기 위해서였다. 이러한 정략결혼의 결과 루돌프 1세는 치세 후기까지 세속 선제후 가문 네 곳과 인척 관계를 맺었다. 그는 황제로 대관하고자 교황청과도 접촉했지만, 그의 계획은 여러 가지 문제로 인해 끝내 무산되고 말았다.

---

* 선제후는 크게 마인츠 대주교와 같은 성직 선제후와 작센 공작과 같은 세속 선제후로 구분된다. 자세한 내용은 45쪽 참고.

루돌프 1세는 치세 초기에 가장 강력한 경쟁자였던 보헤미아 국왕 오타카르 2세를 제압하는 것을 최우선 목표로 삼았다. 오타카르 2세는 대공위 시대가 끝나갈 무렵 신성로마제국 동부에서 대제국을 세웠을 뿐 아니라 독일 왕위까지 주장한 야심가였다. 이런 오타카르 2세가 루돌프 1세를 왕으로 인정하길 완강하게 거부한 것은 당연했다. 이런 상황에서 루돌프 1세는 오타카르 2세가 불법으로 차지한 영토를 다시 신성로마제국에 편입시키는 데 집중했다. 신성로마제국의 제후들도 침탈당한 영토를 다시 반환하라고 오타카르 2세에게 요구하고 나섰지만, 오타카르 2세는 이를 무시했다. 이에 루돌프 1세는 우선 오타카르 2세에게 제국 추방령Reichsacht*을 내린 후, 1276년과 1278년 두 차례에 걸쳐 전투를 벌였다. 결국 오타카르 2세는 빈 동북쪽에 위치한 뒤른크루트에서 펼쳐진 두 번째 전투에서 패한 후 개인적인 원한으로 살해당하고 말았다. 오타카르 2세가 사망하자 그의 제국도 무너지기 시작했다. 루돌프 1세는 이때를 놓치지 않고 오스트리아와 그 주변 영토를 다시 제국에 귀속시킨 후 몇 년 동안 신성로마제국의 동남부에 직접 머물렀다. 이어서 1282년에 첫째 아들 알브레히트 1세와 셋째 아들 루돌프 2세에게 오스트리아와 슈타이어마르크, 크란스카 및 빈트 변경주를 봉토로 하사했다(하지만 1년 후 이 모든 영토를 알브레히트 1세에게 하사하는

---

* 제국 추방령을 받은 사람은 더이상 제국법의 보호를 받지 못했다. 다시 말해 누구든지 제국 추방령을 받은 사람을 공격·약탈하거나 심지어 살해해도 처벌받지 않았다.

것으로 결정을 바꾸었다). 독립을 유지한 케른텐공국은 자신을 지지한 티롤의 마인하르트 2세에게 이미 넘긴 상태였다. 이 결정적 사건으로 독일 동남부에 입지를 마련한 합스부르크 가문은 오스트리아를 심장부로 삼아 세력을 서서히 확장해나갔다(이후 합스부르크 가문의 본향인 서남부 지역은 포더외스터라이히〔외*ㅆ*오스트리아〕라는 이름으로 불리게 되었다). 오스트리아에서 600년 넘게 계속된 합스부르크 가문의 통치 시대가 막을 연 것이다. 그리고 오스트리아는 훗날 합스부르크 가문의 야심이 유럽 전역으로 뻗어나갈 때 지리적 출발점이 되었다. 반면 루돌프 1세의 서방 정책은 부르고뉴에 대한 영향력을 지키는 데 초점을 맞췄다. 이를 위해 루돌프 1세는 부르고뉴의 아그네스를 두 번째 결혼 상대자로 맞이했으나, 부르고뉴가 프랑스의 손에 넘어가는 것을 막기 위해 1289년에 군사적으로 개입해야만 했다.

루돌프 1세는 소탈한 모습으로 사람들 앞에 나섰기 때문인지 백성들 사이에서 큰 인기를 누렸다. 그는 신앙심과 지혜, 목적의식 등을 두루 갖춘 인물이었지만, 왕위 계승 문제를 만족스럽게 해결하는 데에는 끝내 실패했다. 루돌프 1세는 자신이 가장 아꼈던 둘째 아들 하르트만이 왕위를 계승하길 원했으나, 하르트만은 1281년에 사망하고 말았다. 1년 후, 루돌프 1세는 첫째 아들 알브레히트 1세와 셋째 아들 루돌프 2세에게 오스트리아를 봉토로 하사했으나 루돌프 2세도 1290년에 부왕보다 먼저 세상을 떠났다. 그 결과 상대적으로 인기가 덜했던 알브레히트 1세가 유일한 후계자로 남게 되었다. 루돌프 1세는 생을 마감할

날이 다가오자, 슈파이어로 향했다. 슈파이어 대성당에 잘리어 왕조 때 건립된 왕묘가 있었기 때문이다. 1291년 7월 15일, 루돌프 1세는 마침내 그곳에서 눈을 감았다. 그의 유골은 슈파이어 대성당의 지하 납골당에 안치되었고 석관 위에는 그를 본떠 만든 석상이 세워졌다.

## 독일 왕 알브레히트 1세 (재위 1298~1308)

합스부르크 가문에서 처음으로 왕이 된 루돌프 1세는 첫째 아들인 알브레히트 1세에게 일찍부터 정사를 맡겼다. 이에 따라 알브레히트 1세는 1274년에 아직 스무 살도 채 되지 않은 상태에서 합스부르크 가문의 북쪽 영토를 관리하게 되었고 이때 자신의 능력을 입증하는 데 성공했다. 1282년, 루돌프 1세는 알브레히트 1세와 셋째 아들 루돌프 2세를 오스트리아의 공동 통치자로 세웠으나, 현지의 막강한 귀족 가문들이 형제의 이중 통치 체제에 거세게 반발했다. 이로 인해 이듬해 라인펠덴에서 체결한 협약에 따라 알브레히트 1세가 오스트리아의 단독 통치자로 결정되었다. 루돌프 2세에게는 다른 방식으로 보상을 주기로 약속했지만 이루어지지 않아 가문 내 팽팽한 긴장감이 감돌기 시작했다. 훗날 이 일이 발단이 되어 알브레히트 1세는 급기야 목숨을 잃고 만다.

알브레히트 1세는 오스트리아와 슈타이어마르크에서 강력한 통치권을 확립하는 정치적 과정에서 여러 차례의 반란과 반대 움직임에 부딪혔는데, 대표적으로 1287년에 빈의 신민들이 일으킨 봉기가 있었다.

하지만 알브레히트 1세는 신속하고 치밀하게 대응해 반대 운동을 모두 진압했을 뿐 아니라, 적절하게 회유책을 사용해 내부의 적대 세력들과도 화해를 도모했다. 물론 이 과정에서 빈은 제국자유도시라는 지위를 상실하고 다시 영주의 직접 통치 아래에 놓이게 되었다.

독일 왕 알브레히트 1세. 에드바르트 야코프 폰 슈타인레 그림, 프랑크푸르트 황제의 홀 소장.

다른 한편으로 선제후들은 급격하게 강성해진 합스부르크 가문을 견제하기 시작했다. 합스부르크 가문이 왕위 세습을 주장하지 않을까 우려한 그들은 루돌프 1세가 성격이 저돌적인 알브레히트 1세를 제때 독일 왕좌에 앉히지 못하도록 손을 썼다. 1292년, 알브레히트 1세 대신 라인강 지방의 백작이자 한미한 가문 출신인 아돌프 폰 나사우를 독일 왕으로 선출한 것이다. 이 시기에 알브레히트 1세는 스위스에서 일어난 반란에 손발이 묶여 있었던 터라 우선 아돌프를 왕으로 받아들일 수밖에 없었다. 하지만 아돌프의 부적절한 처세로 둘의 관계는 급속도로 나빠졌다. 게다가 아돌프는 독일 중부 문제에 개입함으로써 마인츠 선제후와 보헤미아 선제후와도 이해관계상 충돌했다. 그 여파로 아돌프에게 대항하고자 강력한 동맹이 빠르게 결성되었고 알브레히트 1세도 여기에 합세했다. 1298년, 이 동맹 세력은 법적으로 다소 문제의 소지가 있는 절차를 거쳐 아돌프를 폐위하기에 이르렀다. 하지만 아돌프는 여기에 굴복하지 않았고 군사를 동원해 왕위를 지키려 했으나 알브레히트 1세의 병사들과 격전을 벌이던 중 사망하고 말았다. 몇 년 전까지만 하더라도 알브레히트 1세가 왕위에 오르는 것을 막았던 선제후들은 이제 돌변해 그를 재빨리 왕좌에 앉혔다. 하지만 이때 교황 보니파시오 8세가 훼방을 놓기 시작했다. 수년 동안 알브레히트 1세를 왕으로 승인하지 않는 방식으로 강력하게 압박한 것이다. 이유는 간단했다. 당시에 교황은 왕을 폐위하고 새로운 왕을 승인할 권한이 자신에게 있다고 주장했는데, 보니파시오 8세는 아돌프의 폐위와 알브레히트 1세의 선출 과정에서 선제후들이 자신의 권한을 무시했다고 여겼다. 하지만 1303년, 보니파시오 8세는 프랑스로부터 위협을 느껴 알브레히트 1세에게 도움을 구해야 하는 상황에 처하자 적대적인 태도를 비로소 바꾸었다. 알브레히트 1세는 아들인 루돌프 3세를 프랑스의 공주 블랑슈와 결혼시켜 프랑스와 우호관계를 다진 상태였다.

한편 신성로마제국 안에서도 알브레히트 1세에게 반기를 드는 세력들이 나타났다. 그중에서 특히 알브레히트 1세를 국왕으로 옹립했던 라인강 지방의 선제후들이 강하게 반발했다. 원인은 라인강 지방의 선제후들이 손에 쥐고 있던 라인강 지방의 관세 수취 권한을 알브레히트 1세가 라인강 주변의 도시들에 넘겨준 데 있었다. 이 일로 적의를 품은 라인강의 선제후들과 알브레히트 1세 사이에 무력 분쟁이 터졌으나, 알브레히트 1세는 이번에도 우위를 확보해 적대 세력을 제압하는 데 성공했다.

합스부르크 가문이 직접 다스린 오스트리아와 슈타이어마르크에서는 알브레히트 1세가 자신의 아들들에게 공동 통치권을 물려줄 수 있었다. 1306년, 보헤미아에서 프르셰미슬 가문의 혈통이 끊기자 알브레히트 1세는 북부로 영토를 확장할 기회가 왔다고 판단해 주인이 없어진 보헤미아를 제국 영토로 귀속시켰다. 그는 이어서 루돌프 3세를 프르셰미슬 가문 왕의 미망인(보헤미아 왕 바츨라프 2세의 아내이자 폴란드의 공주 릭사 엘주비에타)과 재혼시킨 후 보헤미아 귀족들의 반대에도 아랑곳하지 않고 자신의 아들을 보헤미아 왕으로 만들었다. 하지만 1307년, 루돌프 3세가 곧 사망한 탓에 보헤미아에서 통치권을 다지고자 했던 합스부르크 가문의 첫 시도는 물거품이 되었다.

이를 만회하기 위해 알브레히트 1세는 보헤미아 원정을 계획했다. 하지만 1308년 5월 1일, 스위스에서 머무는 도중에 조카인 요한 파리치다(파리치다Parricida는 '친족 살인자'라는 뜻)의 손에 살해당했다. 이 사건의 배경은 1283년으로 거슬러 올라간다. 이때 알브레히트 1세는 자신의 동생이자 요한의 아버지인 루돌프 2세에게 보상을 해주는 조건으로 오스트리아와 슈타이어마르크의 단독 통치자가 될 수 있었지만, 약속을 끝내 지키지 않았다. 그래서 요한은 자신의 상속권이 침해당한 것에 원한을 품어 큰아버지를 살해하고 만 것이다.

합스부르크 세습군주제를 세우기 위한 알브레히트 1세의 끈질긴 정치활동은 결과적으로 가문 내부의 경쟁에 부딪혀 실패로 돌아가고 말았다. 하지만 그는 자녀를 많이 남겼고, 이 중에서 알브레히트 1세의 도전을 이어감으로써 풍성한 결실을 거둔 인물들이 등장했다.

## '미남공' 프리드리히와 합스부르크 가문의 왕위 세습 실패

알브레히트 1세는 아들들에게 독일왕국을 안전하게 물려줄 틈도 없이 갑작스레 죽음을 맞이했다. 그는 장남인 루돌프 3세를 보헤미아 왕좌에 앉히는 데까진 성공했지만, 루돌프 3세는 1307년에 아버지보다 먼저 세상을 떠나고 말았다. 이제 남은 아들들, 그중에서도 특히 '미남공' 프리드리히와 레오폴트 1세가 아버지의 보호 없이 합스부르크 가문의 통치권을 지켜야 했다. 하지만 프리드리히와 레오폴트 1세가 세습 왕조를 일으키지 않을까 걱정한 선제후들은 1308년에 프랑스의 영향력 아래 있던 하인리히 폰 룩셈부르크를 독일 왕 '하인리히 7세'로 선출했다. 이때부터 합스부르크 가문은 다방면에서 수세에 몰리기 시작했다. 우선 보헤미아를 지배하려 했던 합스부르크 가문의 계획이 루돌프 3세의 때 이른 사망으로 무위로 돌아갔다. 루돌프 3세가 죽은 뒤 하인리히 7세는 주인이 없어진 보헤미아 영토를 다시 제국에 귀속시키고 자신의 아들인 요한에게 하사했다. 또한 이를 정당화하기 위해 요한을 후사가 끊긴 프르셰미슬 왕가의 공주인 바츨라프 2세의 딸 엘리슈카와 결혼시켰다. 이렇게 보헤미아에 권력 기반을 마련한 룩셈부르크 가문은 보헤미아를 100년 이상 통치했고, 이로 인해 합스부르크 가문은 보헤미아를 다스리겠다는 야망을 일단 접을 수밖에 없었다. 다음으로 합스부르크 가문은 옛 터전인 신성로마제국의 서남부 지역에서도 영향력을 잃기 시작했다. 독립을 열망한 스위스연방이 1315년에 벌어진 모르가르텐 전투에서 승리를 거둬 합스부르크 가문에 맞서 첫 성과를 올렸기 때문이다. 마지막으로 오스트리아에서 빈을 중심으로 다시 한번 반란이 일어났다. 하지만 미남공 프리드리히는 이를 성공적으로 진압해 최소한 오스트리아에 대한 합스부르크 가문의 통치권을 지켜낼 수 있었다.

한편 하인리히 7세는 1312년에 로마에서 황제 대관식까지 거행했으나, 그의 재위 기간은 길지 않았다. 독일 왕으로 선출된 지 5년 만인 1313년에 말라리아에 걸려 사망한 것이다. 이렇게 상황이 급변하자 합스부르크 가문은 곧바로 다시 왕위를 주장했고, 이번에도 미남공 프리드리히가 후보자로 나섰다. 하지만 이때 비텔스바흐 가문이 처음으로 왕위 경쟁에 뛰어들었다. 비텔스바흐 가문이 내세운 후보는 루트비히 4세 공작이었는데, 그의 어머니는 합스부르크 태생이었다. 즉 사촌 간의 왕위 쟁탈전이 시작된 것이다. 실제로 프리드리히와 루트비히 4세는 빈에서 유년 시절을 함께 보낸 사이였다. 선제후 회의에서는 두 경쟁자 사이에 의견이 갈렸다. 당시에 작센과 보헤미아의 통치권을 두고 각 지역에서 서로 다른 두 세력이 대립하고 있었고, 이들은 국왕 선출과 관련해서도 이해관계가 충돌했다. 따라서 작센과 보헤미아의 분열된 세력들은 왕을 선출할 때 각기 다른 후보자에게 표를 던졌고, 그 결과 1314년 10월에 프리드리히와 루트비히 4세가 모두 선출되는 일이 벌어졌다. 게다가 한 달 후인 1314년 11월 25일, 두 명 모두 로마 왕으로 대관식을 치르기에 이르렀다. 이때 프리드리히는 본의 대성당에서 정식 황제관으로 대관식을 거행한 반면, 루트비히 4세는 오토 대제 이후 대관식이 전통적으로 치러지던 도시 아헨에서 모조품으로 대관식을 거행했다.

미남공 프리드리히(재위 1314~1330). 페르디난트 펠너 그림, 프랑크푸르트 황제의 홀 소장.

이렇듯 두 명 모두 선제후들에 의해 뽑혔을 뿐만 아니라 대관식까지 마친 상태였기 때문에 그 누구도 독일 왕으로서 정당성을 포기하려 하지 않았다. 따라서 문제를 해결할 방법은 군사적 수단밖에 없었다. 이렇게 시작된 둘 사이의 무력 충돌은 몇 년 동안 이어지다가 1322년에 최종 전투가 벌어졌는데, 여기서 경솔한 결정 탓에 패배한 프리드리히가 루트비히 4세에게 사로잡혀 3년간 포로생활을 해야만 했다. 프리드리히의 동생 레오폴트 1세가 루트비히 4세와 맞서 전쟁을 계속해서 이끌었지만, 프리드리히를 석방시키지는 못했다.

이러한 상황에서 아비뇽에 거주하던 교황 요한 22세까지 끼어들었다. 이탈리아를 두고 루트비히 4세와 이해관계가 극명하게 엇갈린 요한 22세는 1314년의 불분명한 선거 결과와 끝날 기미가 보이지 않는 왕위 쟁탈전을 이용해 루트비히 4세의 왕위 정당성에 문제를 제기하기 시작했다. 요한 22세와 루트비히 4세 사이의 갈등은 급속도로 고조되었고, 1324년에 요한 22세가 루트비히 4세를 파문하고 그의 영지에 성무聖務 금지령을 내리는 지경에까지 이르렀다. 중세 때 서임권 투쟁으로 절정에 달했던 교황과 황제 사이의 대립이 되풀이되는 형국이었다. 이처럼 교황이 제국 정치에 다시 한번 깊이 개입함으로써 세속권력과 교회 권력 간에 심각한 분쟁을 일으킨 여파로, 몇 년 후 제국법에 중대한 변화가 나타나게 되었다(1356년 금인칙서 반포로 황제 선출 과정에서 교황의 승인이 필요 없어지게 되었다).

요한 22세의 압박에 시달린 루트비히 4세는 합스부르크 가문을 비롯한 제국 내의 적대 세력과 타협책을 모색하지 않을 수 없었다. 루트비히 4세는 우선 프리드리히와 화해하고 그를 풀어준 후 공동왕으로 삼았다. 이렇게 해서 두 명의 통치자가 동시에 국왕의 칭호를 사용한, 유례를 찾아볼 수 없을뿐더러 합법이나 마찬가지인 공동왕 체제가 한

동안 유지되었다. 하지만 프리드리히의 형제들은 이러한 해결책에 강하게 불만을 드러냈다. 이로 인해 합스부르크 가문 내에서 프리드리히의 입지가 점차 좁아지는가 싶더니, 1326년 레오폴트 1세의 사망으로 형제들 사이의 불화는 다시 잠잠해졌다. 이후 프리드리히는 비교적 수동적으로 움직였고 오스트리아로 물러난 후 1330년에 숨을 거두었다. 프리드리히의 사망으로 공동왕 체제도 몇 년 만에 막을 내렸다. 1328년에 이미 황제로 대관한 루트비히 4세가 이제 논쟁의 여지없이 제국의 적법한 단독 통치자로 올라섰다.

미남공 프리드리히는 '프리드리히 3세'로 독일의 국왕 명부에 올라야 했으나, 그런 일은 마지막까지 일어나지 않았다. 게다가 합스부르크 가문은 향후 100년 넘게 독일 왕위 내지 신성로마제국 황위를 둘러싼 경쟁에서도 밀려나게 되었다. 프리드리히가 대를 이을 아들을 남기지 못하고 세상을 떠났기 때문에 합스부르크 가문은 프리드리히의 동생인 알브레히트 2세가 거의 30년 동안이나 이끌게 되었다. 알브레히트 2세는 무엇보다 영토를 통합하고 확장하는 데 총력을 기울였고, 1335년에 황제 루트비히 4세에게서 케른텐과 크란스카를 봉토로 하사받는 업적을 남겼다. 이로써 합스부르크 가문은 제국의 동남부에서 주요 세력으로 성장할 발판을 마련할 수 있었다.

## '창건자' 루돌프 4세와 오스트리아의 대공국 격상 (1358~1359)

미남공 프리드리히의 조카이자 알브레히트 2세의 아들인 루돌프 4세는 훌륭한 교육을 받고 자란 인물이었다. 학식이 뛰어났던 그는 어려서부터 야심이 대단했으며 어린 나이에 황제 카를 4세의 딸 카타리나 폰 룩셈부르크와 결혼해 룩셈부르크 왕조와 긴밀한 유대 관계를 쌓았다. 알브레히트 2세는 1357년에 열여덟 살이 된 루돌프 4세에게 제국 서남부에 위치한 슈바벤과 알레마니엔의 통치권을 맡겼고, 장인인 카를 4세는 그를 알자스의 제국대행관Reichslandvogt으로 임명했다. 1년 후인 1358년에 알브레히트 2세가 사망하면서 루돌프 4세는 오스트리아의 통치권을 이어받았다. 열아홉 살에 합스부르크 가문의 수장이 된 것이다.

루돌프 4세는 이 지위를 이용해 오스트리아의 위상을 높이는 일에 바로 착수했다. 이때 그는 문서위조라는 방법을 써서 오스트리아를 공국에서 대공국으로 격상시켰는데, 이것은 카를 4세가 공포한 금인칙서 Goldene Bulle에 대한 반작용이었다. 사실 카를 4세는 금인칙서로 신성로마제국에 드디어 안정적인 기본법을 마련했다. 그 이전까지는 관습에 따라 국왕을 선출했기 때문에 절차상 불분명한 부분이 많았으나, 1356년에 공포된 금인칙서는 국왕의 선출 과정을 법적으로 명확하게 규정했고 제국이 해체되는 1806년까지 효력을 발휘했다. 구체적으로 들여다보면 금인칙서는 국왕 선출권을 가진 제후를 일곱 명으로 확정했다. 약 80년 전인 1273년에 루돌프 1세를 선출함으로써 대공위 시대를 끝낸 제후들이 여기에 해당했는데 (45쪽 참고), 이 구성원으로 선거인단이 꾸려진 것은 역사상 그때가 처음이었다. 문제는 오스트리아 공작이 전통적으로 국왕 선거인단에 속한 적이 없었다는 점인데, 이것은 바이에른 공작과 같이 역사가 오래되고 강력한 지역을 통치했던 다른 몇몇 제후의 경우에도 마찬가지였다. 따라서 루돌프 4세는 장인인 카를 4세가 온갖 정치적 특혜를 보장받는 국왕 선거인단을 확정할

창건자 루돌프 4세. 빈 대주교구 성당 박물관 소장.

때 낡은 전통에 기대어 오스트리아 공작을 선거인단에서 배제하자 자존심에 큰 상처를 입었다.

이러한 배경에서 루돌프 4세는 장인의 처사에 대항하기 위해 그 유명한 '대특허장privilegium maius'을 내밀었다. 그는 1156년에 작성된 '소특허장'을 위조해서 대특허장을 만들어냈는데, 소특허장은 황제 프리드리히 바르바로사가 바이에른에서 오스트리아를 분리해 오스트리아를 독립적인 공국으로 승격시킨다는 내용을 명시한 문서였다. 위조하는 과정에서 소특허장에 사용된 황금 인장을 떼어 대특허장에 찍은

합스부르크 가문의 통치 영역은 어느 정도 자치권이 있는 여러 개의 공국과 백국으로 구성되어 있었다. 각 지역은 오늘날의 오스트리아 공화국에 소속된 연방주의 역사적 토대가 되었다. 1379년에 합스부르크 가문이 분열될 때 이 영토도 두 분가 사이에 분할되었다.

후 소특허장의 원본을 없앴기 때문에 소특허장의 원본은 현재 필사본으로만 존재한다. 이렇게 날조된 대특허장은 세속 선제후국에게 보장된 영토의 분할 금지와 장자의 단일 상속권과 같은 금인칙서의 특권들을 오스트리아에 그대로 적용했다. 그렇다고 그때까지 합스부르크 가문이 유지했던 형제 공동 통치 방식이 완전히 사라진 것은 아니었으나, 그 이후로 상당 부분 퇴색된 것은 사실이다. 게다가 대특허장은 오스트리아 공작에게 독일 왕이 사용했던 것과 비슷한 왕보王寶를 사용할 수 있는 특권을 허용했고, 오스트리아에서 그 누구도 황제에게 탄원하지 못하도록 오스트리아의 사법 독립성을 보장했다. 하지만 무엇보다 중요한 것은 대특허장을 통해 오스트리아가 대공국으로 승격되었다는 점이다. 물론 오스트리아 대공이 국왕 선출권을 행사하는 것은 여전히 불가능했지만, 이로써 강력한 특권을 가진 선제후들과 어깨를 나란히 할 수 있는 발판이 마련된 셈이었다. 그래서 루돌프 4세는 시간이 지날수록 자신이 오스트리아 내에서 국왕과 대등한 지위를 가지고 있다고 생각하게 되었다.

하지만 그 당시부터 이미 진위를 의심받았던 대특허장을 카를 4세는 인정하지 않았다. 이렇게 해서 카를 4세와 합스부르크 가문 출신의 사위 사이에 한동안 불화가 계속되었다. 카를 4세는 국왕과 견줄 만한 지위를 노렸던 루돌프 4세의 야심을 여러 측면에서 꺾었지만, 대공이라는 칭호에는 큰 이의를 제기하지 않았다. 이로부터 약 100년 후, 프리드리히 3세가 합스부르크 가문 최초의 황제로 등극하면서 대특허장은 비로소 황제의 승인을 받았다. 그 이후 루돌프 2세나 카를 6세와 같은 합스부르크 가문의 황제들이 대특허장을 다시 한번 공식적으로 인정했다. 반면 역사가들은 19세기 중반에 들어서서야 대특허장이 위조되었다는 사실을 학문적으로 입증했다.

루돌프 4세는 합스부르크 가문의 위신을 높이기 위해 다른 웅장한 사업들도 추진했다. 그는 빈의 성 슈테판 교구 성당의 법적 지위를 끌어올린 것은 물론이고 이곳을 개축해 대공국을 상징하는 건축물로 재

탄생시켰고, 카를 4세가 얼마 전 프라하에 세운 대학을 본떠 1365년에 빈에도 대학을 설립했다.

한편 루돌프 4세는 1363년에 티롤백국을 손에 넣음으로써 합스부르크 가문의 통치 영역을 서쪽으로 크게 넓혔고, 이를 통해 제국 곳곳에 분산되어 있던 합스부르크 가문의 영지를 이어줄 교두보를 확보했다. 카를 4세도 루돌프 4세와 마침내 화해하고 사위의 영토 획득을 인정하는 의미에서 티롤백국을 봉토로 하사했는데, 이는 그곳에 눈독을 들이고 있던 바이에른 공작을 견제하기 위해서였다. 이를 계기로 합스부르크 가문과 룩셈부르크 가문 사이에 상속 협약까지 체결되었다. 루돌프 4세는 이에 앞서 헝가리와도 상속 협약을 맺었는데, 이로써 처음으로 오스트리아와 헝가리, 보헤미아가 하나로 통합될 가능성이 생겼다. 이외에도 루돌프 4세는 자신의 영토에서 상업과 무역의 자유를 적극적으로 장려했다. 그러나 이러한 모든 업적에도 불구하고 그의 기념비적인 통치 기간은 짧았다. 1365년, 루돌프 4세는 후사를 남기지 못한 채 겨우 스물여섯 살의 나이로 세상을 떠나고 말았다.

## 1400년 전후의 팽창과 분열, 권력 투쟁 및 영토 상실

루돌프 4세는 사망하기 직전 두 동생 알브레히트 3세 및 레오폴트 3세와 계약을 맺었다. 대특허장을 바탕으로 작성된 이 계약서에는 합스부르크 가문의 영토 분할을 금지하고 형제간의 공동 통치를 인정하되 장자에게 대부분의 권한이 돌아가야 한다는 내용을 명시했다. 이에 따라 루돌프 4세의 사망 후 알브레히트 3세와 레오폴트 3세가 통치권을 물려받게 되었다. 그들은 바이에른의 지속적인 권리 주장에도 티롤을 빼앗기지 않음으로써 통치권 내의 영토를 지켜냈을 뿐 아니라, 통치권 밖에 위치한 이스트리엔과 빈트 변경주의 일부까지 통합했다.

하지만 시간이 지나면서 둘 중 나이가 더 어린 레오폴트 3세는 영토 불가분성이라는 원칙에 반대하고 자신만의 통치 영역을 탐내기 시작했다. 이로 인해 두 형제는 1379년에 뮈르츠강 인근의 노이베르크에서 협정을 맺고 합스부르크 가문의 영토를 분할하기로 합의해 큰 파장을 일으켰다. 이후 알브레히트 계열은 오버외스터라이히와 니더외스터라이히를, 레오폴트 계열은 슈타이어마르크와 케른텐, 크란스카, 이스트리엔, 고리치아, 티롤 및 포더외스터라이히를 통치하게 되었다. 결과적으로 합스부르크 가문의 영지는 4세대에 걸쳐 약 80년 동안 알브레히트 계열과 레오폴트 계열로 나뉘게 되었다. 이외에도 노이베르크 협정은 한쪽의 후사가 끊길 경우 남은 한쪽이 상대방의 영토를 상속하도록 규정했다. 훗날 연장자인 알브레히트 계열, 즉 알브레히트 3세의 손자인 알브레히트 5세가 왕관을 다시 손에 넣었다.

알브레히트 3세가 학식이 깊고 예술을 적극적으로 후원한 인물이었다면, 레오폴트 3세는 합스부르크 가문의 통치 영역을 넓히는 데 더 관심이 많았다. 그는 영토를 구입하거나, 황제에게 양도를 받거나, 자발적 복종을 받는 등 다양한 방법을 통해 트리에스테를 비롯한 이탈리아

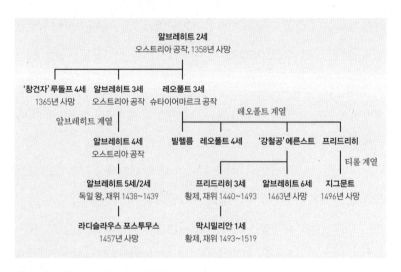

알브레히트 계열과 레오폴트 계열의 분화.

일부와 포어아를베르크에 있는 펠트키르히 및 슈바벤의 일부에 이르기까지 많은 땅을 획득해 합스부르크 가문의 영토를 서부와 남부로 확장했다. 하지만 합스부르크 가문이 옛날부터 스위스에서 소유하고 있던 영지는 점점 더 지키기 힘들어졌다. 스위스에서 독립 열망이 식지않았을뿐더러, 1386년에 루체른주에 위치한 젬파하 전투에서 합스부르크 가문이 대패했기 때문이다. 이때 레오폴트 3세마저 목숨을 잃었는데, 그의 어린 아들들을 대신해 알브레히트 3세가 후견인으로서 모든 통치권을 휘어잡았다. 알브레히트 3세는 기본적으로 평화를 선호하는 성격이었으나 1388년에 네펠스에서 또다시 스위스와 맞붙게 되었고, 합스부르크 가문은 이번에도 패배의 쓴맛을 봤다. 이렇게 해서 스위스에 대한 합스부르크 가문의 영향력은 점차 줄어들게 되었다.

그 이후 레오폴트 계열은 가족 구성원들이 서로 반목한 탓에 권력이 산산조각 났다. 레오폴트 3세의 아들들 사이에서 벌어진 갈등이 가장 큰 원인이었다. 우선 합스부르크 가문에서 전통적으로 내려오던 형제 간의 공동 통치 방식이 원활하게 작동하지 않았다. 또한 루돌프 4세가 장자 상속권을 도입해 법적 평화를 지키려는 의도와는 반대로 레오폴트 3세의 장자인 빌헬름은 동생들을 확실하게 통제하지 못했다. 더군다나 아버지 세대가 역사의 무대에서 퇴장한 후 빌헬름은 선대의 영토 분할 협정을 무시하고 알브레히트 계열의 통치에 간섭하기 시작해 사촌인 알브레히트 4세를 조종하려 들었다. 한편 빌헬름의 동생들인 레오폴트 4세와 '강철공' 에른스트 사이에 일어난 권력 다툼은 참혹한 내전으로 치달았다. 막내인 '빈털터리' 프리드리히 4세는 티롤과 포더외스터라이히에 대한 통치권을 물려받아 서부 변경 지역을 다스렸으나, 콘스탄츠 공의회에서 섣부른 행보를 보인 후 제국 추방령에 처해져 몇 년간 황제 밑에서 포로로 지내야만 했다. 이 공백기를 노리고 에른스트가 프리드리히 4세의 영토까지 넘보았지만, 옥에서 풀려난 프리드리히 4세는 티롤로 복귀한 후 에른스트의 야욕을 무산시키는 데 성공했다. 이후 프리드리히 4세는 티롤의 은광 사업에 힘입어 성공적인 경제 정책을 펼쳤고, 그의 아들인 '동전 부자' 지그문트는 이러한 기반 위에서 15세기 말까지 티롤을 중심으로 합스부르크 가문 내에서 독자적인 계열을 유지할 수 있었다. 이와 같은 가문 내 긴장 관계와 쟁투는 합스부

르크 가문만의 문제였다기보다는 그 시대 어느 왕가에서나 흔히 찾아
볼 수 있는 현상이었다. 유럽의 왕가들이 통합을 이루기 위해 장자 상
속권을 정착시키는 데 온 힘을 쏟은 바로 그 시기에 집안싸움도 절정에
달했고, 그 범위는 형제와 사촌을 넘어 다른 친척에 이르기까지 매우
넓었다. 영국의 장미전쟁이나 비텔스바흐 가문의 내분, 베틴 가문의 내
분 등을 대표적인 예로 들 수 있다.

# 로마·독일 왕 / 신성로마제국의 황제 /
# 오스트리아제국의 황제

1806년에 멸망한 신성로마제국의 황제 칭호는 고대 로마제국에 뿌리를 두고 있었다. 800년, 프랑크왕국의 카롤루스 대제가 교황 레오 3세에게 황제관을 받으면서 로마제국이 부활했는데, 이때 기독교의 영향으로 로마제국의 기반이 탈바꿈했다. 이후 카롤링거 왕조가 붕괴하면서 제국의 명맥은 동프랑크왕국으로 이어졌고, 오토 왕조가 이 지역을 중심으로 독일제국을 발전시켜 나갔다. 프랑스나 영국에서 세습 왕조가 자리 잡은 것과 달리, 독일에서는 국왕을 선거를 통해 결정했다. 국왕이나 황제에게 아들이 있는 경우 선거는 그저 찬성표를 던지는 자리에 가까웠지만, 통치 가문의 혈통이 끊긴 경우 선거 원칙이 훨씬 두드러지게 나타났다. 제후 가운데 국왕 선거권을 가진 선제후단이 중세 전성기에 어떻게 정해졌는지는 정확하게 알려진 바가 없다. 루돌프 1세가 합스부르크 가문 최초로 독일 왕으로 선출된 1273년에 이르러서야 일곱 명의 선제후가 누구였는지 역사적으로 명확하게 파악된다. 마인츠 대주교와 쾰른 대주교, 트리어 대주교 등 성직 제후 세 명과 보헤미아 국왕과 작센 공작, 라인 궁정백, 브란덴부르크 변경백 등 세속 제후 네 명이 바로 이때 독일 왕을 선출했다. 이들의 국왕 선거 자격은 1356년에 금인칙서가 공표되면서 비로소 법적으로 인정을 받았다.

독일의 군주는 보통 세 단계를 거쳐 교체되었다. 첫째 단계에서는 선제후들이 프랑크푸르트 암 마인에 모여 가장 적절한 후보자를 로마 왕(독일 왕)으로 선출했다. 다음으로 카롤루스 대제가 주로 거주한 도시이자 마지막으로 잠든 곳인 아헨에서 대관식이 거행되었다. 이렇게 즉위한 독일 왕은 마지막으로 로마로 가서 교황에게 황제관을 받았다. 하지만 중세에 황제 대관식은 비용이 많이 드는 절차였을 뿐 아니라 북이탈리아 도시국가들 사이에 이해관계가 충돌하기 시작한 이후 보통 군사 원정을 동반해야만 가능한 일이었다. 게다가 11세기 말 서임권 투쟁 시기나 그뒤를 이은 슈타우펜 왕조의 치세 후기만 보더라도 왕과 교황이 첨예하게 대립하는 경우가 잦았기 때문에, 모든 왕들이 로마를 방문한 것은 아니었다. 이렇게 로마에서 황제관을 받지 못한 왕은 황제의 칭호를 사용할 수 없었고 왕의 칭호에 만족해야 했는데, 합스부르크 가문 출신의 첫 두 왕인 루돌프 1세와 알브레히트 1세도 이러한 경우에 속했다.

중세 말에 들어서자 제국은 교황의 영향력에서 점차 벗어나기 시작했고, 종교개혁 이후에는 교황이 황제관을 더이상 씌워주지 않게 되었다. 더불어 아헨도 왕의 대관식 장소로 사용되지 않았고, 1562년에 왕으로 선출된 막시밀리안 2세부터 프랑크푸르트에서 왕을 선출하고 같은 장소에서 대관식까지 거행했다. 1742년부터 1745년 사이에 비텔스바흐 가문이 권력을 잠시 쟁취한 막간극을 제외하면 합스부르크 가문이 황위를 독점하다시피 했다. 제국의 황제들이 가톨릭 신앙을 강제했다는 점과 더불어 '신성로마제국'이라는 명칭에서도 알 수 있듯이, 제국이 고대 로마에서 유래했다는 흔적은 제국이 해체되는 1806년까지 그대로 남아 있었다.

다른 한편으로 구제국이 최후를 맞이하기 직전인 1804년, 나폴레옹이 자신을 '프랑스인의 황제'로 칭했다. 이렇게 되자 당시에 신성로마제국의 황제였던 프란츠 2세는 오스트리아제국을 세우는 것으로 맞수를 두었다. 국법 측면에서 봤을 때 오스트리아제국은 오스트리아를 비롯한 합스부르크 가문의 세습영지에 국한되었다는 점과 세습군

신성로마제국의 황제관. 빈 호프부르크 왕궁의 황실 보물관 소장. 961년 또는 967년에 제작된 것으로 추정된다.

오스트리아제국의 황제관. 빈 호프부르크 왕궁의 황실 보물관 소장. 1602년 루돌프 2세가 프라하의 궁정 세공장에게 합스부르크 가문이 사용할 왕관을 제작하도록 지시했다. 1804년 이후 오스트리아제국의 황제관으로 사용되기 시작했다.

주제를 채택했다는 점에서 완전히 새로운 창조물이었다. 프란츠 2세는 오스트리아제국의 황제 '프란츠 1세'로 즉위했는데, 나폴레옹 전쟁의 압박을 견디지 못하고 오스트리아 황제로 즉위한 지 2년 만에 구제국의 황제관을 내려놓았기 때문에 오스트리아제국과 신성로마제국은 약 2년 동안 공존했다. 결과적으로 '독일 민족의 신성로마제국'은 역사 속으로 완전히 사라졌고, 이에 따라 오토 왕조 시대에 제작된 황제관도 한낱 유물로 전락해 더이상 사용되지 않았다. 오스트리아제국의 황제로서 프란츠 1세를 비롯한 그의 합스부르크 후계자들이 1918년까지 사용한 것은 1602년에 루돌프 2세가 제작한 왕관이었다.

# 3장

●

# 황제에 등극한 합스부르크 가문

### 1452년

## 왕관을 다시 차지하다

1379년 이후 알브레히트 계열과 레오폴트 계열로 나뉘었던 합스부르크 가문 가운데 연장자인 알브레히트 계열이 알브레히트 1세 이후 100여 년 만에 다시 왕좌에 앉았다. 알브레히트 3세의 손자인 알브레히트 5세가 일찍부터 정치 흐름과 가문 내 상황이 유리한 방향으로 전개된 데 힘입어 긴 공백기를 뚫고 1438년에 국왕 자리에 오른 것이다. 또한 그의 뒤를 이어서 레오폴트 계열이 합스부르크 가문 최초의 황제에 등극했다.

알브레히트 5세는 알브레히트 계열의 3세대를 대표하는 인물이었다. 불과 일곱 살 때 아버지인 알브레히트 4세가 사망하면서 알브레히트 5세를 대신해 레오폴트 계열의 삼촌들이 차례대로 섭정을 맡았는데, 그들은 섭정 통치를 구실로 삼아 알브레히트 계열이 소유한 니더외스터라이히를 장악하려고 했다. 하지만 1411년, 레오폴트 계열에 불만을 품은 니더외스터라이히의 신분 대표자들이 알브레히트 5세가 성년이 되었음을 선포해(당시 알브레히트 5세는 열네 살이었다) 섭정 통치에 종지부를 찍었다. 이제 독자적으로 행동할 수 있게 된 알브레히트 5세는 기독교의 대분열로 침체된 교회를 개혁하기 위해 노력하는 한편, 얀 후스의 화형으로 촉발된 소요 사태를 수습하는 데 나섰다. 얀 후스는 콘스탄츠 공의회 도중(1415년) 화형에 처해졌는데, 그 여파로 보헤미아에서 타오른 반란의 불길이 오스트리아까지 강타한 상태였기 때문이다.

다른 한편으로 합스부르크 가문과 전통적으로 우호 관계를 유지한 룩셈부르크 가문이 보헤미아를 중심으로 헝가리와 폴란드로 세력을 넓히려 시도했지만, 카를 4세의 아들 벤첼에 이르러 독일 왕과 신성로마제국 황제의 권위는 크게 실추되었다. 1400년, 벤첼은 무능하다는 이유로 폐위되었고, 팔츠 계열의 비텔스바흐 가문(라인 궁정백 루프레히트 3세)이 독일 왕관을 10년 동안 차지했다. 벤첼은 1419년에 사망할 때까지 보헤미아의 왕위만 간신히 지켜냈다.

벤첼의 동생인 지기스문트는 어렵게나마 헝가리 왕으로서 입지를 굳히는 데 성공했으나, 형 벤첼은 물론이고 사촌인 모라비아의 욥스트와도 권력을 둘러싼 이해관계가 크게 엇갈렸다. 그 바람에 룩셈부르크 가문은 심각한 내분에 시달리게 되었으나, 지기스문트는 이러한 악재 속에서도 이례적으로 1410년과 1411년 두 차례에 걸쳐 독일 왕으로 선출되었고,* 오랜 시간이 흐른 뒤에(1433년) 황제관까지 수중에 넣었다. 지기스문트의 남자 친척이 모두 사망하고 나서야 그 누구도 지기스문트가 주장한 룩셈부르크 가문의 우두머리 자리를 넘보지 않았다. 후스파를 실제로 상대했던 인물도 지기스문트였는데, 그는 일찍부터 알브레히트 5세를 중요한 동맹 세력으로 생각했다. 1411년, 지기스문트는 두 살배기 딸 엘리자베트를 당시 열네 살이었던 알브레히트 5세와 약혼시켰다. 이때까지만 해도 지기스문트는 자녀를 더 낳을 수 있으리라 기대했다. 하지만 아들이 끝내 태어나지 않는다면 엘리자베트가 룩셈부르크 가문의 상속자가 될 수밖에 없는 상황이었다. 10년 뒤인 1421년, 여전히 아들을 낳지 못한 지기스문트는 합스부르크 가문과의 동맹을 강화하는 차원에서 엘리자베트를 알브레히트 5세와 결혼시켰다. 결혼식은 룩셈부르크 가문의 중심지인 프라하에서 열렸으며, 지기스문트와 알브레히트 5세는 결혼식이 열리기 전 정치적 조율을 끝내고 후스파에 반격을 가했다. 한편 알브레히트 5세는 후스파가 자신의 영토까지 밀고 들어오자, 후스파와 공모했다는 이유로 유대인을 제도적으로 박해하기 시작했다. 나중에 독일 왕으로 즉위한 이후 알브레히트 5세가 추진한 정책만 보더라도 반유대적 요소가 다수 발견된다. 어쨌든 알브레히트 5세는 다른 문제들도 장인과 긴밀하게 협력했고, 이렇게 신

---

* 1410년 9월 20일 선제후 중 일부는 지기스문트를, 같은 해 10월 1일 다른 일부는 욥스트를 국왕으로 선출해 혼란을 빚었다. 하지만 1411년 1월 18일 욥스트가 갑작스럽게 사망하자 1411년 7월 21일에 지기스문트가 만장일치로 다시 한번 왕으로 선출되었다.

뢰를 쌓은 결과 지기스문트는 자신의 사위를 후계자로 삼는 쪽으로 점점 마음이 기울었다. 1422년, 지기스문트는 마침내 알브레히트 5세에게 모라비아를 봉토로 수여했고, 알브레히트 5세는 이를 통해 보헤미아의 왕위를 주장할 수 있는 근거를 확보했다.

1437년, 황제 지기스문트가 세상을 떠나면서 알브레히트 5세가 한 시대를 풍미했던 룩셈부르크 가문의 계승자가 되었다. 이렇게 해서 룩셈부르크 가문의 영지와 알브레히트 5세가 통치했던 합스부르크 가문의 세습영지가 한 명의 군주 아래 묶이게 되었는데, 여기서 도나우 군주국의 초기 형태를 엿볼 수 있다. 이후 여러 나라에서 국왕 선거와 대관식이 잇따라 신속하게 진행되었다. 우선 헝가리에서 국왕 선거와 대관식이 열렸다. 보헤미아의 경우 신분 대표자 일부의 반발에도 불구하고 국왕 선거와 대관식이 거행되었다. 마침내 1438년 3월 18일, 알브레히트 5세는 로마·독일 왕 '알브레히트 2세'로

독일 왕 알브레히트 2세(재위 1438~1439). 요제프 빈더 그림, 프랑크푸르트 황제의 홀 소장.

52

선출되었다. 선제후들은 다른 현실적인 대안이 없어 알브레히트를 뽑았으나, 동시에 그의 권력이 커지는 것을 두려워했기 때문에 일련의 통치 구조 개혁안을 통해 새로운 왕을 통제하려고 시도했다.

이후 알브레히트 2세는 신성로마제국의 정치에 적극적으로 개입하려 했다. 하지만 그의 의지와 달리 새로 획득한 보헤미아에서 자리를 비울 수 없었던 탓에 제국의 통치를 각종 위원회에 맡겨야만 했다. 독일 왕으로 선출되고 1년 후, 알브레히트 2세는 튀르크의 새로운 위협이 가시화되자 헝가리에서 원정 준비에 착수했으나 이질에 걸려 1439년 10월 27일에 숨을 거두었다. 결국 알브레히트 2세의 재위 기간은 겨우 1년 반 정도에 불과했다. 그는 이 기간 동안 신성로마제국의 주요 지역에 발을 들인 적이 없어 제국에 거론할 만한 업적을 남기지 못했다.

알브레히트 2세가 사망한 지 4개월 후, 아들 라디슬라우스 포스투무스(포스투무스Postumus는 '유복자'라는 뜻이다)가 태어났다. 라디슬라우스 포스투무스는 비록 보헤미아와 헝가리왕국의 정당한 계승자였으나, 성장 과정에서 유력자들이 펼치는 권력 투쟁의 한복판에 내던져져 그들의 노리갯감으로 전락하고 말았다.

## 프리드리히 3세: 합스부르크 가문 최초의 황제

1415년에 인스브루크에서 태어난 프리드리히 5세 공작은 슈타이어마르크를 통치한 레오폴트 계열이었다. 선제후들은 알브레히트 2세가 차지했던 왕관이 프리드리히 5세에게 넘어가야 한다는 데 빠르게 동의했고, 1440년에 그를 로마·독일 왕으로 선출했다. 그후 프리드리히 5세는 1442년 아헨에서 대관식을 치르고 로마·독일 왕 '프리드리히 4세'로 즉위했다. 프리드리히 4세는 비록 독일 왕위에 올랐으나, 알브레히트 2세가 소유했던 보헤미아와 헝가리, 그리고 빈을 포함한 오스트리아공국은 라디슬라우스 포스투무스가 물려받기로 되어 있었다. 하지만 알브레히트 2세가 사망하고 나서 몇 개월 후에 태어난 라디슬라우스의 지위는 불안했고 가문 내에서 큰 논란거리가 되었다. 라디슬라우스가 성년이 될 때까지 그 긴 시간동안 누가 그의 후견인이 될 것인지가 가장 큰 관심사였다. 라디슬라우스가 아버지에게 상속받은 영지의 대표자들과 신분 대표자들이 섭정을 맡을지, 아니면 인너외스터라이히('내內오스트리아', 슈타이어마르크, 케른텐, 크란스카에 해당하는 지역)와 티롤을 통치했던 라디슬라우스의 합스부르크 친척들이 섭정을 맡을지를 놓고 의견이 분분했다. 보헤미아왕국과 헝가리왕국, 오버외스터라이히 및 니더외스터라이히는 슈타이어마르크 출신의 프리드리히 4세가 영내 문제에 개입하는 것을 극구 반대했다. 하지만 프리드리히 4세는 다소 대담한 방식으로 헝가리의 왕관이자 국가적 상징물인 성 이슈트반István 왕관을 일찍이 손에 넣었던 데다가, 갓 태어난 라디슬라우스를 자신의 보호 아래 두는 데 성공했다. 그후 프리드리히 4세는 헝가리 신분 대표자들의 극심한 저항을 무시하고 태어난 지 3개월밖에 안 된 라디슬라우스를 헝가리 국왕으로 만들었다. 그리고 한 걸음 더 나아가 라디슬라우스를 헝가리로 돌려보내지 않고 자신의 감독 아래 수준 높은 교육을 받게 했다. 이에 따라 독자적인 정치 노선을 걷기 시작한 헝가리는 야기에우워 왕가에서 대립왕을 선출했다.* 하지만 이렇게 옹립된 대립왕이 1444년에 사망하자 헝가리 신분제 의회는 국내로 눈을 돌려 주요 귀족인 후녀디 야노시를 헝가리왕국의 섭정으로 임명했다. 그럼에도 불구하고 혼란스러운 상황은 해결되지 않았기 때문에 장기적으로 봤을 때 헝가리는 합스부르크 가문의 통치 영역 안에서 잠재적 분란의 씨앗으로 남게 되었다.

둔감하고 결단력이 부족한 프리드리히 4세는 로마·독일 왕으로서 치세 초기에만 독일 내륙을 방문했고, 1444년 이후에는 무려 27년 동안이나 독일 땅에 발을 들이지 않았다. 그는 이 긴 시간 동안 제국 동남부 변두리에 있는 자신의 오스트리아 영지에서 지내며 제국을 방치하다시피 했고, 제후들 사이에 벌어진 사적 무력행사와 군사적 충돌을 그저 지켜만 봤다. 다른 한편 1431년부터 바젤에서 열린 개혁 공의회는 공의회의 우위성을 확립하기 위해 교황의 권력을 제한하려고 했는데, 여기서 프리드리히 4세는 교황 편에 섰다. 1448년, 그는 교황파와 손잡고 독일 민족을 대표해 빈 협약을 체결함으로써 국가와 교회 간의 관계를 재정립했을 뿐 아니라, 교황과 참사회, 영주 간의 성직 임명권 문제를 해결하는 데 일조했다. 이때 교회 문제와 관련해서 합의된 사항들

---

* 폴란드의 군주 브와디스와프 3세가 헝가리 왕 '울라슬로 1세'로 올라섰다.

은 구제국이 최후를 맞이한 1806년까지 효력을 발휘했다. 프리드리히 4세의 교회 정책은 제국 재상인 에네아 실비오 피콜로미니가 주도했는데, 피콜로미니는 훗날 교황 '비오 2세'(재위 1458~1464)로 즉위한 이후 공의회와 맞서 교황의 우위성을 강력하게 옹호한 인물이었다. 교황과의 친밀한 관계 덕분에 로마로 가는 길이 열린 프리드리히 4세는 1452년에 그의 인생에서 가장 중요한 행사 두 개를 로마에서 치렀다. 바로 결혼식과 황제 대관식이었다. 로마에 도착한 프리드리히 4세는 그곳에서 처음 본 포르투갈의 엘레오노르와 곧바로 결혼식을 올렸다. 3일 뒤 국왕 부부는 교황의 집전으로 대관식을 거행했고, 이때 프리드리히 4세는 황제 '프리드리히 3세'로 즉위했다. 합스부르크 가문 최초의 황제가 탄생하는 순간이었다. 그러나 이것은 신성로마제국 역사상 '로마'라는 적법한 장소에서 거행된 마지막 황제 대관식이기도 했다. 이후 황제에 대한 교황의 영향력이

황제 프리드리히 3세(재위 1440~1493).
율리우스 휘브너 그림, 프랑크푸르트 황제의 홀 소장.

점차 줄어들어 황제 제도는 점차 로마식 전통에 비해 독일적 색채가 짙어졌다.

프리드리히 3세가 1453년에 로마에서 돌아왔을 때 도나우강 주변의 오스트리아 지역에서는 신분 대표자들이 반란을 일으킨 상태였다. 1년 전 프리드리히 3세가 당시 열두 살이던 라디슬라우스 포스투무스를 데리고 로마로 간 것이 화근이었다. 설상가상으로 후녀디 야노시는 라디슬라우스를 강제로라도 헝가리로 데려가기 위해 오스트리아를 여러 차례 침공했다. 결국 로마에서 갓 돌아온 프리드리히 3세는 라디슬라우스의 신병을 오스트리아의 신분 대표자들에게 인도할 수밖에 없었다. 같은 해에 라디슬라우스는 보헤미아 왕으로 즉위했으나 1457년에 갑작스럽게 세상을 떠났기 때문에 그의 치세는 오래가지 못했다. 라디슬라우스의 사망으로 합스부르크 가문의 알브레히트 계열은 완전히 단절되었고, 이로 인해 알브레히트 계열이 남긴 영토도 산산조각 났다.

우선 빈을 포함해서 알브레히트 계열이 소유했던 오스트리아 지역은 노이베르크 협정에 따라 레오폴트 계열, 다시 말해서 프리드리히 3세에게 돌아갔다. 한편 보헤미아에서는 신분제 의회가 이르지 스 포데브라트를 왕으로 선출했고, 프리드리히 3세도 나중에 이를 인정했다. 헝가리는 후녀디 야노시의 아들 마차시 1세가 하급 귀족 출신임에도 불구하고 왕의 자리에 올랐다. 헝가리의 고위 귀족들은 프리드리히 3세를 대립왕으로 옹립했으나 역부족이었고, 합스부르크 가문은 결국 한동안 보헤미아와 헝가리에서 물러설 수밖에 없었다. 반면 새롭게 헝가리 왕이 된 마차시 1세는 헝가리의 르네상스를 꽃피운 탁월한 군주로 명성을 떨쳤다. 다른 한편으로 라디슬라우스가 남긴 영토 가운데 도나우강을 따라 분포한 오스트리아 지역을 놓고 프리드리히 3세와 그의 동생이자 둘 사이에 더 능력 있는 통치자로 평가를 받았던 알브레히트 6세 사이에 갈등이 터졌다. 두 형제는 이 지역을 오버외스터라이히와 니더외스터라이히로 나눠 갖기로 했다. 하지만 둘 사이의 대립은 통치 방식에 대해 의견이 뚜렷이 갈리는 양상으로 전개되더니 1462년에 급기야 골육상잔의 비극으로 귀결되고 말았다. 이 전쟁으로 프리드리히 3세는 군사적으로 수세에 몰린 것은 물론이고 오스트리아 내에서도 정치적 입지가 크게 흔들렸다. 하지만 1463년, 알브레히트 6세가 갑작스럽게 사망하면서 프리드리히 3세는 위기 상황에서 빠져나와 마침내 합스부르크 영지에서 단독 통치자로 올라설 수 있었다. 그의 사촌인 지기스문트가 통치했던 티롤만 상당 기간 독립을 계속 유지했다.

이처럼 프리드리히 3세는 자신의 영지에서조차 오랫동안 힘을 제대로 발휘하지 못했다. 또한 신성로마제국의 서부 핵심 지역에 한참이나 발을 들이지 못했기 때문에 제국에서 크고 작은 통치자들이 권력 다툼을 벌여도 지켜볼 수밖에 없는 처지였다. 무엇보다 프리드리히 3세는 1453년에 콘스탄티노플을 점령함으로써 세계사에 중대한 전환점을 찍은 오스만튀르크가 계속해서 세력 확장을 시도하는 상황에 직면했다. 이렇듯 주위 환경이 매우 불리하게 흘러갔음에도 불구하고 프리드리히 3세는 방어적인 자세로 일관했다. 하지만 성격이 게으르다고 알려

진 것과 달리, 프리드리히 3세
는 끈기와 인내심을 가지고 갈
등에 대처하고 자신의 행동 범
위 안에 있는 기회를 제때 포착
한 인물이기도 했다. 그는 특히
신이 합스부르크 가문을 선택
해 세상에 보냈다는 의식에 사
로잡혀 있었다. 프리드리히 3세
가 즐겨 사용한 'A.E.I.O.U.'라
는 비밀스러운 문자 배열만 봐
도 그의 원대한 꿈을 엿볼 수
있는데, 이 표어를 두고 후세
는 '오스트리아는 세계의 마지
막이 될 것이다Austria Erit In Orbe
Ultima', '지상의 모든 제국은 오

황제관을 쓴 프리드리히 3세의 모습. 검과 제국보
주를 손에 들고 있으며, 주위에는 프리드리히 3세가
소유했던 영지의 문장들이 그려져 있다. 머리 바로
위에는 제국 쌍두 독수리의 모습도 보인다. 잘츠부
르크의 세밀화가 울리히 슈라이너의 작품(1490)으
로 그라인 지방 자치도시 시민의 특권들이 명시된
책의 일부다.

스트리아에 복종한다Austriae Est Imperare Orbi Universo' 등 여러 가지 뜻으
로 해석하고 있다. 또한 프리드리히 3세는 독일 왕으로 즉위한 직후 종
조부였던 루돌프 4세가 합스부르크 가문의 위상을 높이기 위해 조작한
대특허장을 공식적으로 승인하는가 하면, 국가 행위의 법제화 등 왕권
을 강화하고자 다양한 조치를 취하기도 했다.

다른 한편으로 프리드리히 3세는 1460년대 말엽 제국 서부에서 새

롭게 부상한 부르고뉴를 통해 제국 동남부에서 겪은 열세를 만회하고
자 했다. 따라서 부르고뉴가 합스부르크 가문에게 정치적으로 중요한
의미를 지니게 된 것은 당연한 결과였다. 프랑스 왕가의 방계였던 부르
고뉴 공작들은 15세기에 홀란트에 이르기까지 많은 영토를 획득해 프
랑스와 독일 사이에서 급속도로 세력을 키우기 시작했다. 특히 프랑
스의 영향에서 벗어나길 원한 '용담공' 샤를(재위 1467~1477)은 국왕
의 반열에 오르기 위해 총력을 기울였다. 용담공 샤를은 신성로마제국
의 황제인 프리드리히 3세가 자신에게 국왕의 칭호를 내려주길 바랐
는데, 그 반대급부로 자신의 유일한 자녀이자 부유한 부르고뉴를 물려
받게 될 마리 드 부르고뉴를 황제의 아들인 막시밀리안의 신부로 제안
했다. 하지만 협상이 실패로 돌아가자 샤를은 스위스를 비롯한 제국 영
토를 침략하고 쾰른 대주교령을 둘러싸고 벌어진 분쟁에 군사를 파견
하는 등 독일 내부 문제에 개입하기 시작했다. 결국 스위스와의 대결로
난국에 봉착한 샤를은 1477년에 벌어진 낭시 전투에서 목숨을 잃고 말
았다. 그 이후 마리가 아버지 샤를이 구상했던 최초의 계획을 이어받아
같은 해에 막시밀리안과 결혼식을 올렸다. 이로써 합스부르크 가문은
부르고뉴를 물려받을 초석을 마련했다.

　이렇게 성사된 막시밀리안과 마리의 결혼은 유럽사에 한 획을 그었
다. 영토의 재분배가 대규모로 이루어져 합스부르크 가문이 유럽 제일
의 명문가로 올라섰기 때문이다. 하지만 이 결혼식은 프랑스의 이해관
계와 정면 충돌했다. 결국 이를 계기로 두 나라의 관계는 완전히 틀어

졌고, 이때 형성된 숙적 관계는 이후 300년 가까이 이어졌다.

이렇게 부르고뉴에서 성과를 거두는 동안 프리드리히 3세의 본거지인 오스트리아가 헝가리 왕 마차시 1세의 위협을 받기 시작했다. 마차시 1세는 보헤미아로 세력을 뻗으려 했을 뿐만 아니라 황위까지 넘보았기 때문에 프리드리히 3세는 그의 계획을 어떻게든 저지하려고 했다. 이러한 둘 사이의 대립 구도가 무력 충돌로 이어진 것은 필연이었다. 마차시 1세는 특히 1470년대 말과 1480년대에 오스트리아를 여러 차례 침공해 프리드리히 3세를 궁지에 몰아넣었는데, 그의 공세는 1485년부터 빈을 2년 동안이나 점령할 정도로 지열했다. 이에 따라 프리드리히 3세는 빼앗긴 영토를 회복하고자 신성로마제국에 지원을 요청했으나 마차시 1세가 사망한 1490년 이후에야 자신의 영지를 되찾을 수 있었다.

이처럼 신성로마제국이 전체적으로 위협을 받는 상황 속에서도 프리드리히 3세는 1486년에 막시밀리안을 로마·독일 왕 '막시밀리안 1세'로 선출시키는 데 성공했다. 이로써 후계자 문제는 해결된 것과 마찬가지였지만, 프리드리히 3세는 자신이 살아 있는 동안 막시밀리안 1세가 정사에 참여하는 것을 허용하지 않았다. 결과적으로 제국에 절실했던 개혁들을 도입하는 작업이 쓸데없이 오랫동안 지체되고 말았다.

1493년 8월 19일, 프리드리히 3세는 린츠에서 눈을 감았다. 무려 반세기 이상 독일 왕이자 신성로마제국 황제로 통치한 그는 어떤 전임자보다도 더 오랜 기간 왕좌에 앉아 있었다. 무엇보다도 프리드리히 3세는 동생인 알브레히트 6세를 비롯해서 용담공 샤를, 마차시 1세 등의 경쟁자보다 오래 살았기 때문에, 이례적으로 오랜 기간을 통치했다는 이유 하나만으로도 최후의 승자가 될 수 있었다.

# 4장

•

# 황제 막시밀리안 1세와
# 합스부르크 가문의 유럽 팽창

프리드리히 3세가 낳은 아들 가운데 살아남은 것은 막시밀리안 1세 한 명뿐이었다. 여덟 살 때 어머니를 잃은 막시밀리안 1세는 양육자나 조언자 없이 자랐다. 그래서인지 그가 추진한 일들은 일관성이 없고 흐지부지 끝나는 경우가 많았다. 그럼에도 불구하고 막시밀리안 1세는 합스부르크 가문에서 아주 탁월한 통치자 중 한 명으로 성장했다. 하지만 이렇게 된 데에는 막시밀리안 1세 본인의 노력보다 행운이 큰 역할을 했다고 평가하는 사람들도 있었다.

## 부르고뉴 상속

막시밀리안 1세는 열여덟 살 때 부르고뉴의 용담공 샤를의 상속녀인 마리 드 부르고뉴와 결혼했다. 개인적 측면에서 마리와의 만남은 막시밀리안에게 큰 행복을 안겨주었다. 결혼한 지 얼마 지나지 않아 '미남공'으로 불린 필리프(훗날 '미남왕' 펠리페 1세)와 딸 마르가레테가 연달아 태어났기 때문이었다(아들이 한 명 더 태어났으나 일찍 사망했다). 하지만 정치적 측면에서 보면 이 결혼은 프랑스에 대한 정면 도전을 의미했다. 부르고뉴 공작과의 혈연관계를 근거로 부르고뉴에 대한 권리를 주장한 프랑스의 왕 루이 11세는 필리프가 태어나자 부르고뉴 영토가 합스부르크 가문으로 넘어갈 수 있다고 여겨 부르고뉴를 침략해 폐허로 만들기 시작했다. 이에 맞서기로 결심한 막시밀리안 1세는 영국의 지원을 받아 1479년 8월 7일에 벌어진 긴가트 전투에서 프랑스군을 상대로 대승을 이끌어냈다. 하지만 이러한 승리에도 불구하고 부르고뉴에서 막시밀리안 1세의 지위는 여전히 불안정했다.

1482년, 막시밀리안 1세의 인생에 극적인 전환점이 찾아왔다. 마리가 낙마 사고를 당해 스물다섯 살의 나이로 사망한 것이다. 아내를 지극히 사랑했던 막시밀리안 1세는 마리의 죽음으로 인한 상실감에서 끝내 헤어나지 못했다. 무엇보다 마리의 사망으로 그의 입지가 부르고뉴에서 위태로워졌다. 부르고뉴 사람들의 눈에 막시밀리안 1세는 마리와 결혼한 외부인에 불과했던 것이다. 그러나 막시밀리안 1세는 아버지로서 부르고뉴를 상속받은 자녀들의 이해관계를 보호해야 하는 입장이었다. 이런 이유로 그는 자녀들을 대신해 섭정을 맡기로 결정했으나, 그의 계획은 부르고뉴 신분 대표자들의 격렬한 저항에 부딪혔고, 이는

황제 막시밀리안 1세와 그의 가족. 뒷줄 왼쪽에 있는 인물이 막시밀리안 1세이며, 뒷줄 오른쪽에 그의 딸 마르가레테가 있다. 둘 사이에 있는 인물은 막시밀리안 1세의 아들 미남공 필리프(1478~1506)다. 앞줄 왼쪽부터 페르디난트 1세, 카를 5세, 러요시 2세의 모습이 보인다. 1515년 이후에 제작된 베른하르트 슈 트리겔의 작품으로 빈 미술사박물관에 소장되어 있다.

겐트와 브루게에서 집중적으로 나타났다. 부르고뉴의 신분 대표자들은 막시밀리안 1세의 자녀들을 자신의 보호 아래 두었고, 1482년에 막시밀리안 1세로 하여금 프랑스에게 유리한 평화조약을 체결하도록 압박했다. 게다가 이 평화조약에 힘을 실어줄 목적으로 당시 두 살에 불과했던 마르가레테를 프랑스로 보내 프랑스의 왕위 계승자인 샤를(훗날의 샤를 8세)과 약혼시키는 한편, 지참금으로 부르고뉴백국(브장송을 수도로 한 부르고뉴 남부 지방)까지 프랑스의 손에 넘겼다. 하지만 약 10년 후, 샤를은 다소 민망한 이유로 마르가레테와의 약혼을 깨고 부르고뉴백국을 반환해야만 했다.

한편 막시밀리안 1세는 1486년에 프랑크푸르트에서 로마·독일 왕으로 선출되어 부왕 프리드리히 3세의 계승자로 결정되었다. 1480년대 말 플랑드르로 다시 건너간 막시밀리안 1세는 그곳의 신분 대표자들과 격렬하게 충돌했는데, 그 과정에서 1488년에 브루게에서 포로로 잡히고 그의 수하 몇 명이 처형되는 수모를 겪어야 했다. 상황이 이렇게 되자 프리드리히 3세는 제국 군대를 동원해 궁지에 몰린 아들을 구했고, 그 결과 1489년에 부르고뉴 신분 대표자들과의 평화조약이 체결되었다. 이후 막시밀리안 1세는 부르고뉴를 거의 방문하지 않고 알브레히트 폰 작센에게 총독 자리를 맡겼는데, 알브레히트는 부르고뉴 영토에서 합스부르크 가문의 통치권을 서서히 안정화했다.

알브레히트가 부르고뉴에서 활동할 무렵 막시밀리안 1세의 관심은 온통 동부에 집중되어 있었다. 헝가리 국왕 마차시 1세가 합스부르크 가문의 오스트리아 세습영지를 계속 점령한 상태였기 때문이다. 1490년에 마차시 1세가 사망한 뒤 막시밀리안 1세는 비로소 헝가리 군대를 내쫓고 합스부르크 가문의 세습영지를 되찾을 수 있었다. 그후 막시밀리안 1세는 오스트리아 신분 대표자들과 맞서 자신의 영향력을 강화하고 세수입을 늘릴 목적으로 오스트리아에서 심도 있는 행정 개혁을 단행했다. 다른 한편으로 헝가리 국왕 마차시 1세의 후계자이자 1471년부터 보헤미아 국왕까지 겸했던 울라슬로 2세와는 일찍부터 협약(프레스부르크 협약)을 맺었다. 막시밀리안 1세의 후기 혼인 정책에서 중요한 역할을 한 이 협약은 울라슬로 2세가 아들을 낳지 못하고 사망할 경우 합스부르크 가문이 헝가리와 보헤미아를 상속받는 것을 보장하는 한편, 막시밀리안 1세가 헝가리 국왕 칭호를 사용하는 것까지 인정했다.

## 1495년의 제국 개혁

1493년 황제 프리드리히 3세의 사망으로 제국의 최고 통치자가 된 막시밀리안 1세는 1495년 보름스에서 제국의회Reichstag를 소집해 오래전부터 절실했던 일련의 개혁을 실시함으로써 독일 역사를 뒤바꿔놓았다. 우선 영구 평화령Ewiger Landfriede을 선포했고, 상설기관이자 왕의 영향으로부터 자유로운 제국대법원Reichskammergericht을 설치했다. 그때까지 개인이 자신의 권리를 스스로 관철시키려 할 때 사적 무력행사Fehde라는 방식이 통용되었는데, 이제 영구 평화령과 제국대법원에 의해 전

1495년에 개최된 보름스 제국의회의 모습. 막시밀리안 1세 주위에 여섯 명의 선제후들이 앉아 있다. 동시대에 제작된 목판화.

면적으로 금지되었다. 또한 보름스 제국의회는 일종의 보편세Gemeine Pfennig를 도입하기로 결정했다. 게다가 제국만의 재정 제도를 구축하기 위한 노력들도 있었으나, 이 계획은 제국 관료가 부족하고 제후와 교회가 징세 활동에 비협조적인 탓에 물거품이 되었다. 황제의 영향력에서 자유로운 제국정부Reichsregierung를 세우려는 시도 역시 실패로 돌아갔다. 원인은 막시밀리안 1세에게 있었는데, 그는 자신의 영향력 아래 있던 궁정사무국Hofkanzlei과 궁정고문관Hofrat을 중심으로 통치 기능이 작동하길 원했다. 다른 한편으로 제국의회는 매년 정기적으로 소집되는 기관으로 승격되었고, 여기서 제국기사Reichsritter를 제외한 제국의 신분 대표자Reichsstände*들이 각각 선제후 부회, 제후 부회, 제국도시 부회 등 세 개의 부회로 나뉘어 의제를 논의하기로 결정되었다. 이후에도 제국 개혁이 계속 추진되었는데, 일례로 제국관구Reichskreis를 도입했다. 보헤

* 제국의회에 출석할 자격이 있는 개인(선제후, 제후 등) 및 집단(제국도시의 경우 도시 대표단).

미아와 스위스연방을 제외한 제국 영토를 제국관구라는 행정구역으로 나눠 제국의 주권 및 기능 일부를 제국관구에 이양한 것이다.

1490년대 중반에 들어서자 막시밀리안 1세는 대외활동에도 적극적으로 뛰어들었다. 이때 그의 주된 관심 대상은 이탈리아였다. 막시밀리안 1세는 마리가 죽은 뒤 1494년에 밀라노 공작의 딸 비앙카 마리아 스포르차를 두 번째 아내로 맞아 지참금을 두둑이 챙겼으나, 결혼생활은 행복하지 않았고 자식도 얻지 못했다. 그후 막시밀리안 1세는 프랑스가 이탈리아 북부를 침공하자 이에 대응하기 위해 1495년에 '베네치아 동맹'을 결성했다. 하지만 동맹국 간에 협력이 원활하게 이루어지지 않아 지속적인 성과를 거두지 못했고, 막시밀리안 1세는 결국 목적을 달성하지 못한 채 1차 이탈리아 원정을 중단해야 했다.

## 행운이 따른 황제 막시밀리안 1세의 혼인 정책

한편 막시밀리안 1세는 혼인 정책을 광범위하게 폈는데, 특히 프랑스에 맞서 추진한 정략결혼은 그가 만들어낸 최고의 작품 중 하나라고 할 수 있다. 그는 프랑스를 정치적으로 고립시키기 위해 아들 미남공 필리프와 딸 마르가레테를 각각 1496년과 1497년에 카스티야·아라곤 왕가의 자녀들과 결혼시켰다. 하지만 마르가레테의 남편이자 에스파냐의 왕위 후계자인 후안이 결혼식을 치른 직후 세상을 떠나면서 에스파냐 왕위는 필리프와 그의 아내인 에스파냐 왕녀 후아나에게 넘어갔다.

합스부르크 가문 입장에서는 뜻하지 않은 행운이 굴러들어온 것과 마찬가지였다. 이후 필리프는 이사벨 여왕에게 통치권을 물려받아 카스티야의 공동 통치자로 활동하다가 말년에 단독 통치자가 되었고, '펠리페 1세'로 합스부르크 가문 최초의 에스파냐 왕이 되었다.

황제 막시밀리안 1세(재위 1493~1519). 알프레트 레텔 그림, 프랑크푸르트 황제의 홀 소장.

막시밀리안 1세는 이어서 동쪽으로 눈을 돌렸다. 그는 손자들이 태어나자마자 (페르디난트는 1503년에, 마리아는 1505년에 태어났다) 결혼 계획을 구상하기 시작했는데, 이는 혼인 관계를 근거로 보헤미아와 헝가리에 대한 왕위를 주장하기 위해서였다. 이렇게 막시밀리안 1세가 미래를 바라보며 내린 결정은 20년 후 결실을 맺었고 역사적으로 거대한 파급효과를 일으켰다.

어느 익명 시인이 합스부르크 가문의 혼인 정책에 깃든 엄청난 행운을 다음과 같은 유명한 말로 요약한 것은 놀랄 일이 아니다. "남들은 전쟁을 하도록 놔둬라, 그대 축복받은 오스트리아여, 결혼하라!Bella gerant alii, tu felix Austria, nube!"결혼을 통해 역사를 새로 쓴 합스부르크 가문의 특징을 이보다 더 정확히 포착한 말도 없을 것이다.

여러 측면에서 볼 때 막시밀리안 1세는 중세에서 근대로 이행하는 격변기를 대표한 인물로서, 그의 행동에는 중세적 요소와 근대적 요소가 한데 섞여 있었다. '마지막 기사'라는 별칭을 얻은 그는 마상 시합에 참여하는 것을 즐겼을 뿐 아니라, 용병이 군대의 주력으로 새롭게 부상하기 전에 전사들을 이끌고 직접 전투에 나섰다. 게다가 막시밀리안 1세는 합스부르크 가문 최초로 부르고뉴 공작들이 설립한 황금양모기사단Ordre de la Toison d'or의 단장 자리를 차지했다. 배타적 성격이 강했던 황금양모기사단의 재산은 훗날 합스부르크 가문의 기사령騎士領이 되었다. 이외에도 막시밀리안 1세는 인문주의를 크게 장려하고 제국을 쇄신하는 데 힘을 기울임으로써 제국의 헌법과 행정 체계를 상당 부분 개혁하는 업적을 남겼다. 다른 한편으로 독일왕국에 대한 교황의 영향력은 기나긴 과정을 거쳐 점차 줄어들었는데, 막시밀리안 1세도 여기에 한몫했다. 2차 이탈리아 원정 때 로마까지 뚫고 가는 데 실패한 막시밀리안 1세는 교황의 대관 없이 1508년부터 '선출된 로마 황제Erwählter Römischer Kaiser'라는 칭호를 사용했기 때문이다. 물론 이것은 교황의 승인을 받아 이루어진 것이었으나, 황제 즉위에 교황의 대관이 유명무실해지는 결과를 낳았다. 막시밀리안 1세는 말년에 이르러 종교개혁이 시작되는 것까지 지켜본 후 1519년에 세상을 떠났다. 합스부르크 가문의 코앞에 닥친 종교개혁과의 본격적인 대립은 그의 손자인 카를 5세가 해결해야 할 숙제로 남았다. 카를 5세는 광대한 제국을 다스렸는데, 이 대제국의 초석을 막시밀리안 1세가 다졌다는 사실을 잊어선 안 된 다. 결과적으로 볼 때, 막시밀리안 1세는 행운과 정치적 수완을 이용해 자신이 통치하는 동안 오스트리아를 중심으로 합스부르크 가문의 세 력을 대폭 확장함으로써 새로운 지평을 연 인물이었다.

# 그대 축복받은 오스트리아여, 결혼하라Tu felix Austria nube:
## 1500년 전후 합스부르크 가문의 혼인 정책

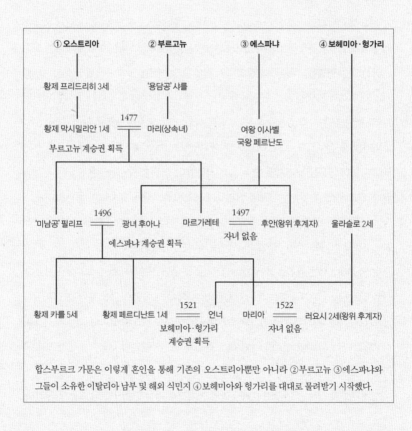

합스부르크 가문은 이렇게 혼인을 통해 기존의 오스트리아뿐만 아니라 ②부르고뉴 ③에스파냐와 그들이 소유한 이탈리아 남부 및 해외 식민지 ④보헤미아와 헝가리를 대대로 물려받기 시작했다.

1477년부터 1526년까지 약 반세기 동안 합스부르크 가문은 유럽 전역으로 뻗어나갔다. 합스부르크 가문의 전략적 혼인 정책에 행운이 뒤따른 결과, 오래된 오스트리아 세습영지를 넘어 급속도로 세력을 넓힐 수 있었기 때문이다.

1477년에 성사된 막시밀리안 1세와 부르고뉴 공작의 상속녀 마리의 결혼으로 그들 사이에 태어난 미남공 필리프와 마르가레테가 오스트리아와 부르고뉴를 물려받게 되었다.

이후 막시밀리안 1세는 아버지로서 자녀들의 혼사를, 그리고 할아버지로서 손주들의 혼사까지 용의주도하게 계획했다. 1496년에 막시밀리안 1세는 아들 필리프를 카스티야·아라곤 연합왕의 딸 '광녀' 후아나와 결혼시키는 한편, 1497년에 딸 마르가레테를 카스티야·아라곤 연합왕의 아들이자 왕위 계승자인 후안과 결혼시켰다. 막시밀리안 1세가 이와 같은 이중 결혼을 추진한 이유는 에스파냐 영토에 눈독을 들여서라기보다는 프랑스를 정치적으로 고립시키기 위해서였다. 하지만 예상과 달리 후안은 마르가레테 사이에 아들을 남기지 못한 채 일찍 사망했다. 이에 따라 상속권은 후아나에게 넘어갔고, 그 덕에 후아나의 남편인 필리프가 카스티야의 공동 통치자로 활동하다가 나중에 국왕의 자리에까지 오를 수 있었다. 그리고 필리프의 아들인 카를 5세에 이르러 합스부르크 가문은 마침내 에스파냐의 왕관을 세습하게 되었다.

한편 카를 5세는 걷잡을 수 없이 커진 영토를 동생 페르디난트 1세와 나눠 가졌다. 카를 5세는 에스파냐와 부르고뉴, 이탈리아 남부, 해외 식민지 등을 통치했고, 페르디난트 1세는 합스부르크 가문의 오스트리아 세습영지를 다스린 것이다. 이렇게 에스파냐 계열과 오스트리아 계열로 나뉜 합스부르크 가문은 활발한 근친혼을 통해 연결고리를 계속해서 이어갔다.

합스부르크 가문은 1526년 보헤미아와 헝가리로 다시 한번 영토를 크게 확장했다.

이때 역시 이중 결혼이 발판이 되었다. 막시밀리안 1세는 손자인 페르디난트 1세와 그의 여동생인 마리아를 어린 나이에 야기에우워 가문 출신의 보헤미아 국왕이자 헝가리 국왕을 겸했던 울라슬로 2세의 자녀들*과 각각 결혼시켰다. 하지만 야기에우워 가문의 왕위 계승자였던 러요시 2세가 마리아와 결혼한 후 후사를 남기지 못한 채 오스만제국과의 전투에서 사망하고 말았다. 이에 따라 상속권은 러요시 2세의 누나인 언너를 통해 그녀의 남편인 합스부르크 가문의 페르디난트 1세에게 떨어졌다. 이렇게 해서 1526년과 1527년 사이에 시작된 헝가리와 보헤미아에 대한 합스부르크 가문의 통치는 1918년까지 계속되었다.

그리고 1580년, 에스파냐 계열이 포르투갈까지 손에 넣으면서 합스부르크 가문은 마침내 권력의 정점에 올랐다.

---

* 페르디난트는 언너를 아내로 맞이했고, 마리아는 러요시 2세를 남편으로 맞이했다.

# 5장

•

## 형제끼리 황위를 주고받은
## 카를 5세와 페르디난트 1세

### 권력의 정점이자 전환점에 도달한 합스부르크 가문

1500년 전후로 미남공 필리프와 후아나 사이에 카를과 페르디난트를 포함해 여섯 남매가 태어나면서 합스부르크 가문이 에스파냐까지 상속받게 되리라는 사실이 분명해졌다. 이에 따라 합스부르크 가문의 활동 영역은 오스트리아와 부르고뉴(네덜란드), 이베리아반도에 이르기까지 서로 멀리 떨어진 지역들로 확장되었다. 미남공 필리프와 '광녀'라는 별칭을 얻은 후아나는 부르고뉴와 에스파냐를 여러 차례 옮겨 다녔기 때문에 그들의 여섯 남매도 다양한 장소에서 태어났다. 게다가 당시에는 여행에 시간과 비용이 많이 들었던 탓에 자녀들은 다른 형제나 가까운 친척과 직접적으로 교류하지 못한 채 성장했다. 카를을 포함한 네 남매가 겐트와 브뤼셀에서 태어난 반면, 페르디난트와 막내딸 카타리나는 에스파냐에서 태어났다. 특히 1506년에 미남공 필리프가 일찍 세상을 떠난 후 남은 생을 에스파냐에서 보낸 후아나는 자녀들을 끈끈한 가족애로 묶어줄 기회를 놓쳤다. 기껏해야 장녀와 장남만이 형제들과의 시간을 흐릿하게 기억할 뿐이었다. 페르디난트와 카타리나가 외할아버지인 아라곤 왕 페르난도의 보호 아래 자란 반면, 부르고뉴에서 태어난 네 남매는 메헬렌 궁에서 과부였던 그들의 고모 마르가레테 밑에서 자랐다. 막시밀리안 1세에 의해 저지대 국가의 총독으로 임명된 마르가레테는 조카들을 성심성의껏 돌봤다. 그녀는 무엇보다 왕위 후계자인 카를을 훗날 교황 '하드리아노 6세'가 될 철학자이자 신학자인 아드리안 폰 위트레흐트에게 교육받게 했다.

## 에스파냐 왕과 제국 황제에 등극한 카를 5세

1516년, 아라곤 왕 페르난도의 사망으로 에스파냐 왕좌가 공석이 되었다. 이에 앞서 성년이 되었다고 선포된 카를은 1517년에 고향인 부르고뉴를 떠나 에스파냐로 가서 에스파냐 왕 '카를로스 1세'로 즉위했다. 이때 카를은 열일곱 살이었는데, 동생 페르디난트를 처음 만났다. 그는 권력 투쟁을 사전에 방지하기 위해 페르디난트를 오스트리아로 보냈고, 이때 페르디난트는 할아버지인 막시밀리안 1세를 처음 만났다. 페르디난트는 그 이후 고향인 에스파냐 땅을 다시 밟지 못했지만, 대신 오스트리아 계열 합스부르크 가문의 창건자가 될 기회를 얻었다.

그사이 카를은 전혀 생소한 에스파냐에서 자리를 잡는 데 성공했고,

에스파냐가 본격적으로 추진하기 시작한 중남미의 식민지화를 통해 확보한 물적 자원의 가치를 제대로 알아보았다. 그는 부르고뉴를 여전히 고향으로 생각했지만, 시간이 지나면서 에스파냐를 제2의 고향으로 받아들이게 되었다. 반면 1519년에 할아버지인 막시밀리안 1세의 사망 소식을 접하고 황제 자리에 눈독을 들일 때만 하더라도 독일 땅은 카를에게 완전히 낯선 지역이었을 뿐이다. 이후 실시된 독일 왕 선거는 근대 초기 역사에서 가장 논란이 된 선거였다. 얼마 전까지만 해도 카를과 우호조약을 체결하고 합스부르크 가문과 프랑스 왕가 사이에 혼사를 추진했던 프랑스 국왕 프랑수아 1세가 갑자기 경쟁자로 돌변해 교황의 지지를 등에 업고 로마·독일 왕 후보자로 나섰다. 하지만 선제후들은 프랑스 국왕과 교황을 불신했다. 교황청이 또다른 후보자로 점찍어놓았던 작센의 '현명공' 프리드리히도 교황청의 제안을 거절하고 후보자로 나서지 않았다. 게다

황제 카를 5세(재위 1519~1556). 알프레트 레텔 그림, 프랑크푸르트 황제의 홀 소장.

가 합스부르크 가문에 우호적이던 금융 거부 푸거 가문의 천문학적 뇌물이 선제후들에게 돌아간 결과, 마침내 카를이 만장일치로 선출되었다. 1520년, 아헨에서 '카를 5세'로 대관식을 거행한 카를은 막시밀리안 1세의 선례에 따라 교황의 승인하에 '선출된 로마 황제'라는 칭호를 쓰기 시작했다. 그가 교황에게 직접 대관을 받은 것은 1530년이었다. 로마가 아닌 볼로냐에서 거행된 이 행사는 역사상 교황이 집전한 마지막 대관식으로 남았다.

## 종파 분열과 오스만튀르크의 위협에 직면한 독일

에스파냐의 가톨릭교도들은 수백 년 동안 이베리아반도를 점령했던 이슬람 세력을 축출함으로써 사기가 한껏 고무된 상태였다. 이러한 에스파냐의 호전적인 가톨릭 신앙을 물려받은 카를 5세가 독일에 와서 보니 종교개혁이 막 고개를 들고 있는 상황이었다. 그의 정치 생활 전반에 지대한 영향을 미친 종교개혁은 루터로부터 시작되었다. 루터는 도가 지나쳤던 면벌부 판매를 비판하고 신앙의 개혁을 주장한 논제들을 발표함으로써 1517년 이후 엄청난 반향을 일으켰다. 그는 모든 주장을 철회하라는 요구를 가톨릭교회로부터 받았으나 자신의 입장을 끝까지 지켰고, 그 결과 1521년 초 교황에게 파문을 당했다. 몇 주 후, 카를 5세가 직접 개입하기 시작했다. 그는 루터에게 신변의 안전을 약속하고 보름스 제국의회에 소환했다. 하지만 루터가 이곳에서도 자신의 주장을 철회하길 거부하자, 카를 5세는 결국 보름스 칙령을 통해 루터에게 제국 추방령을 내렸다. 그럼에도 불구하고 루터는 종교개혁에 우호적인 현명공 프리드리히의 도움으로 바르트부르크로 피신해 황제의 손아귀에서 벗어날 수 있었고, 이곳에서 신약 성경을 독일어로 번역하기 시작했다.

다른 한편으로 보름스 제국의회는 종교 문제 외에 정치 문제도 다뤘고, 제국통치평의회Reichsregiment를 창설하기로 결정했다. 황제가 부재 중일 경우 제국의 정무를 담당하기로 한 제국통치평의회는 제후들을 중심으로 구성되었으며, 이후 몇 년 동안 다방면에서 제국 개혁을 시도했다. 비슷한 시기에 카를 5세는 가족 문제와 관련해서도 중요한 결정을 내렸다. 1521년과 1522년 사이 2년에 걸쳐 동생인 페르디난트에게 합스부르크 가문의 오스트리아 세습영지를 넘겨준 것이다. 또한 페르디난트를 제국통치평의회의 의장으로 임명해 자신이 없는 기간 동안 제국을 대신 통치하게 했다. 이렇듯 강력한 영방군주가 된 페르디난트는 제국을 좌지우지할 핵심 세력으로 올라설 기반을 마련할 수 있었다.

이후 카를 5세는 8년간 제국 밖에서 활동했다. 이 기간 동안 그는 특히 이탈리아에서 프랑수아 1세를 상대로 전쟁을 치르는 데 전념했다. 1차 이탈리아 전쟁은 1525년 2월 24일에 벌어진 파비아 전투에서 절정에 이르렀는데, 이때 대승을 거둔 카를 5세의 군대는 프랑수아 1세를 사로잡는 데 성공했다. 기세가 오른 카를 5세는 마드리드 평화조약을 체결함으로써 프랑수아 1세에게 부르고뉴공국 소유권과 이탈리아에 대한 지배권을 포기한다는 약속을 받아냈을뿐더러, 제국 동부와 지중해에서 활개를 치던 오스만튀르크를 소탕하기 위해 프랑스의 지원을 얻어내려고 노력했다.

카를 5세는 여러 혼사가 물거품이 된 후 1526년에 세비야에서 포르투갈의 왕녀 이자벨과 결혼해 100만 두카트라는(1두카트는 순금 약 3.5그램) 거금의 지참금을 챙겼다. 하지만 더 중요한 것은 이 결혼을 통해 카를 5세가 행복한 가정과 더불어 많은 자녀를 얻었다는 사실이다. 이렇게 태어난 카를 5세의 자녀들은 이후 합스부르크 가문의 에스파냐 계열로서 기반을 공고히 다져나갔다. 다른 한편으로 같은 해에 프랑수아 1세를 상대로 두 번째 전쟁이 발발했다. 이번에 프랑수아 1세는 교황 클레멘스 7세를 비롯해서 베네치아, 피렌체, 밀라노 등의 세력과 코냐크 동맹을 결성했고, 심지어 오스만튀르크와도 접촉했다. 이렇게 교황까지 카를 5세와 대립각을 세우며 전쟁을 벌인 결과 1527년에 '로마의 약탈Sacco di Roma'이라는 참극이 벌어졌다. 독일 용병들이 로마 시내로 쇄도해 참혹한 살육과 무자비한 약탈을 자행한 것인데, 그 여파로 이탈리아의 르네상스는 막을 내린 한편, 교황청의 쇄신이 시작되었다고 볼 수 있다. 이렇게 전개된 2차 이탈리아 전쟁은 1529년에 체결된 캉브레 조약으로 종결되었다. 캉브레 조약은 두 왕가의 여성*들이 나서서 성사시켰다는 점 때문에 '여인들의 조약'으로도 알려졌다.

---

* 카를 5세의 고모 마르가레테와 프랑수아 1세의 모후 루이즈 드 사부아.

이렇게 이탈리아에서 전쟁이 계속되는 동안 페르디난트는 오스트리아와 제국 내에서 합스부르크 가문을 대표해 가문의 위상을 확립하는 데 전력을 기울였다. 페르디난트와 에스파냐 출신의 조언자들은 오스트리아에서 이방인으로 여겨져 집권 초기에 여러 저항에 부딪혔다. 하지만 페르디난트는 이러한 반대 움직임은 물론이고 종교개혁의 영향으로 1525년에 일어난 농민 반란까지 철저하게 진압함으로써 자신의 새로운 통치 영역에서 입지를 서서히 굳혀나갔다. 무엇보다 페르디난트는 합스부르크 가문의 통치 영역을 헝가리와 보헤미아로 크게 넓혔다. 할아버지인 막시밀리안 1세가 어린 페르디난트와 그의 여동생 마리아를 염두에 두고 보헤미아와 헝가리를 통치했던 야기에 우워 왕가의 자녀들과 이중혼인을 추진한 덕분이었다. 막시밀리안 1세가 계획한 이중혼인은 페르디난트가 오스트리아에 도착하고 얼마 지나지 않

황제 페르디난트 1세(재위 1556~1564).
요한 네포무크 엔더 그림, 프랑크푸르트
황제의 홀 소장.

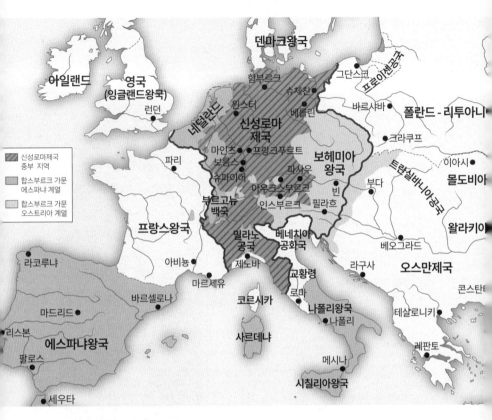

16세기 합스부르크 가문에 둘러싸인 프랑스.

은 시점에 실제로 치러졌으나, 1526년의 모하치 전투에서 헝가리의 왕

세자인 러요시 2세가 오스만튀르크와 맞서 싸우던 도중 전사하는 사

건이 일어났다. 이에 따라 헝가리의 왕위 계승 권리는 왕세자의 매형인

페르디난트에게 주어졌다. 물론 페르디난트는 헝가리의 왕좌에 오르

는 과정에서 큰 반발에 부딪혔을 뿐 아니라 처음에는 헝가리 서부만 다

스리는 데 그쳤다. 하지만 도나우강 일대에 대한 합스부르크 가문의 통치는 이때를 시작으로 1918년까지 계속되었기 때문에 페르디난트는 합스부르크 가문의 역사에 큰 족적을 남겼다. 게다가 페르디난트는 보헤미아 국왕으로도 즉위했는데, 이를 통해 선제후 자리를 손에 넣은 합스부르크 가문은 앞으로 독일 왕을 선출할 때 표를 하나 확보하게 되었다. 이렇게 헝가리와 보헤미아를 거머쥔 페르디난트는 광대한 영토를 통합하기 위해 중앙집권을 강화하며 일련의 행정 개혁을 단행했고, 그의 조치들은 이후 수백 년 동안 효력을 발휘했다.

다른 한편으로 합스부르크 가문은 여러 위협적인 적대세력에 맞서 제국과 오스트리아를 지켜야 했다. 내부적으로는 종교개혁을 저지하고 외부적으로는 오스만튀르크의 침입을 막아내야 했던 것이다. 1529년, 오스만튀르크는 역사상 처음으로 빈을 포위했으나 끝내 점령하지 못하고 철수했다. 하지만 오스만튀르크는 이후에도 영토 확장을 줄기차게 시도했기 때문에 계속해서 심각한 위협으로 남았다. 그렇지 않아도 프랑수아 1세와의 대결로 이탈리아에 정신이 팔려 있던 카를 5세는 지중해 서부 등 다른 지역에서까지 오스만튀르크의 위협을 막아내느라 더욱 분주해질 수밖에 없었다.

반면 오스만튀르크라는 외부의 강력한 적과 싸우는 데 힘을 집중시킨 합스부르크 가문은 종교개혁에 가담한 제후들과 도시들을 정면으로 상대할 여력이 없었다. 즉 합스부르크 가문은 오스만튀르크의 공격이 계속되는 상황에서 개신교 세력과의 무력 충돌을 감수할 여건이

오스만튀르크에 맞서 전투를 벌이고 있는 카를 5세와 페르디난트 1세. 뒤쪽에 포위된 빈의 모습이 보인다. 마르텐 판 헤엠스케르크의 원화를 바탕으로 제작된 디르크 볼케르츠 코른헤르트의 동판화를 줄리오 클로비오가 1556년경 세밀화로 그렸다. 런던 영국도서관 소장.

안 되었는데, 카를 5세는 이때만 해도 신학적 합의를 통해 기독교의 분열을 극복할 수 있으리라고 기대했다. 따라서 카를 5세는 이 문제를 직접 해결하기 위해 1530년에 제국으로 돌아가 아우크스부르크 제국의회에 참가했다. 하지만 카를 5세가 직접 자리한 가운데 신학자 멜란히톤이 작성한 루터교 신앙고백서 〈아우크스부르크 신앙고백Augsburger Konfession〉이 낭독되었음에도 불구하고 신학적 합의는 이루어지지 않았고 신교와 구교 사이의 균열은 커져만 갔다. 이러한 대립 구도가 정치적 위협으로 귀결될 것을 우려한 신교 쪽 제국의 신분 대표자들은 자신들을 보호할 목적으로 1531년에 헤센 방백과 작센 선제후의 주도로 '슈말칼덴 동맹'을 결성했다. 이처럼 종교 문제를 둘러싼 혼란은 수습될 기미가 보이지 않았다. 더군다나 오스만튀르크의 위협까지 가중되면서 카를 5세는 개신교 신자들에게 우선 신앙의 자유를 허용하지 않을 수 없었다. 이후에도 카를 5세는 평화적인 방법으로 화해를 이루기 위해 여러 노력을 기울였다. 일례로, 그는 신학적 쟁점들을 처리하기 위해 공의회 소집을 시도하는가 하면 신·구교의 대표자들이 직접 소통할 수 있도록 종교회담을 주선하기도 했다.

1530년에 볼로냐에서 황제 대관식을 치른 카를 5세는 동생이자 대리 통치자였던 페르디난트의 지위를 제국 내에서 강화하기 위해 노력했고, 그 결과 페르디난트는 1531년에 로마·독일 왕 '페르디난트 1세'로 선출될 수 있었다. 이로써 페르디난트 1세는 형을 이어 차기 황제가 될 수 있는 자격을 공식적으로 인정받았고, 이러한 기반 위에서 제국 내 합스부르크 가문의 권위도 한층 강화되었다. 그렇지 않아도 카를 5세는 1530년대와 1540년대에 다시 제국 밖에서 활동을 계속했기 때문에 합스부르크 가문이 이처럼 제국의 통치권을 공고히 다진 것은 시기적절했다. 우선 카를 5세는 지중해의 지배권을 지키기 위해 오스만튀르크 함대, 바르바리 지역 출신의 북아프리카 해적과 맞섰다. 1535년, 카를 5세는 튀니스를 점령하는 데 성공했으나, 이후 지속적으로 성과를 끌어내지는 못했다. 게다가 프랑수아 1세와의 격돌도 재개되었다. 과거에 체결했던 평화조약을 지킬 생각이 없었던 프랑수아 1세는 밀라노와 저지대 국가에 대한 권리를 다시 주장하기 시작했고, 이에 따라 1536년부터 1538년까지 3차 이탈리아 전쟁이, 1542년부터 1544년까지 4차 이탈리아 전쟁이 전개되었다.

## 권력의 정점이자 전환점에 도달한 황제 카를 5세

사실 카를 5세와 페르디난트 1세 사이의 관계는 간단하지 않았다. 카를 5세는 페르디난트 1세에게 제국 내 강력한 입지를 마련해주었지만, 동시에 자신의 특권을 내려놓지 않아 황제 지위를 확고하게 유지했다. 이때 카를 5세는 제국의 복잡한 상황을 충분히 고려하지 않았는데, 특히 그는 자신들의 권력을 포기할 생각이 전혀 없던 영방 제후들을 상대로 황제의 우월성을 관철시키려고 했다. 이에 반해 페르디난트 1세는 형과 달리 비교적 유연한 입장을 취했고 정치적 반대파나 종파적 적대세력과도 합의할 준비가 좀더 잘되어 있었다. 한편 종파 사이의 분열이 군사적 충돌로 번질 위험은 점점 커졌다. 1545년, 트렌토 공의회가 개최됨으로써 종파 문제에 드디어 진전이 보이는 듯싶었으나, 개신교 진영은 교황이 참가하는 보편 공의회 대신 국가 공의회를 원했기 때문에 트렌토 공의회와 거리를 두었다. 다른 모든 중재 노력이 실패로 끝나자 결국 신교와 구교 사이의 무력 충돌은 현실이 되고 말았다. 1546년부터 1547년까지 슈말칼덴 전쟁이 벌어진 것이다. 이때 카를 5세는 1547년 4월 24일에 벌어진 뮐베르크 전투에서 압도적 승리를 거두며 개신교 세력을 이끌었던 헤센 방백 필리프와 작센 선제후 요한 프리드리히 1세를 사로잡아 몇 년 동안 포로로 삼았다. 이렇듯 슈말칼덴 전쟁은 카를 5세의 승리로 막을 내렸다.

　카를 5세는 이 황금 같은 기회를 이용해 개신교 제후들을 정치적으로 궤멸시킬 계획이었다. 그는 우선 요한 프리드리히 1세의 선제후 작위를 박탈해 작센 공작 모리츠에게 넘겼다. 작센 공작 모리츠는 작센 가문의 알브레히트 계열 출신으로 슈말칼덴 전쟁에서 개신교 세력에 맞서 황제 편에 선 인물이었다. 이어서 카를 5세는 1547년부터 1548년까지 개최된 이른바 '무장군인이 투입된geharnischt'* 아우크스부르크 제국의회에서 개신교 진영 측에 자신의 확고해진 입지를 다시 한번 과시했다. 카를 5세는 여기서 체결된 아우크스부르크 잠정 협정Augsburger Interim에 따라 성직자의 결혼을 인정했을 뿐 아니라 성찬식을 거행할 때 평신도에게도 빵과 포도주를 함께 제공하는 방식을 허용하기로 했으나, 개신교 신자들을 가톨릭으로 돌려놓겠다는 최종 목표를 결코 포기하지 않았다.

* geharnischt는 독일어 명사 Harnisch(갑옷)에서 파생된 형용사로, 여기에서는 카를 5세가 에스파냐 및 이탈리아 용병을 이끌고 아우크스부르크를 포위했기 때문에 붙여졌다. 다른 뜻으로 '격렬하다'가 있는데, 아우크스부르크 제국의회에서 제국의 신분 대표자들이 카를 5세에게 격렬하게 저항했기 때문에 간혹 '분노한' 제국의회로 번역되기도 한다.

하지만 카를 5세가 개신교에 대응하는 과정에서 제국의 기본법을 둘러싼 이해관계가 점차 충돌하기 시작했는데, 이 문제는 단순히 개신교를 정치·종교적으로 탄압하는 차원을 훨씬 넘어섰다. 카를 5세는 개신교 제후들이 힘을 잃은 시점을 틈타 가톨릭 제후들까지 포함해서 제국의 모든 영방 제후를 상대로 황제의 지위를 강화할 수 있다고 생각했다. 다시 말해 카를 5세는 초기 형태의 절대주의적 보편 군주제를 목표로 했다고 볼 수 있는데, 그의 계획대로라면 봉건적 특색이 강했던 제국 구조 안에서 막대한 영향력을 행사해오던 제후들이 황제에게 굴복했어야 했다. 이러한 배경에서 카를 5세는 이미 1531년에 차기 황제로 결정된 페르디난트 1세 대신에 앞으로 에스파냐 계열이 제국을 지배할 수 있도록 자신의 아들 펠리페에게 황위를 물려주려고 했다. 더군다나 그는 이 계획에 힘을 실어줄 목적으로 에스파냐 용병들까지 끌어 모았다. 하지만 이러한 카를 5세의 처사는 분명히 도가 지나친 수준이었고, 그는 뮐베르크 전투의 승리로 얻은 기회를 끝내 놓치고 말았다. 심지어 황제와 동맹을 맺었던 가톨릭 제후들 가운데 카를 5세의 과도한 대응에 자극을 받아 등을 돌리는 자들이 나타나면서 강력한 반대 세력이 형성되기 시작했다. 이렇게 해서 슈말칼덴 전쟁을 통해 큰 이득을 봤던 작센 공작 모리츠를 중심으로 여러 제후들이 1550년대 초 카를 5세에게 대항해 반란을 일으켰고, 이들은 경쟁국인 프랑스까지 같은 편으로 끌어들였다. 이처럼 하루아침에 군사적으로 완전히 수세에 몰린 카를 5세는 제후들의 군대를 피해 도망갈 수밖에 없는 위기에 처했다. 제국에서 카를 5세의 입지가 무너지기 시작하는 순간이었다.

이제 주도권을 잡고 화해를 모색하는 일은 페르디난트 1세의 손으로 넘어갔다. 그는 1552년에 파사우 조약을 체결함으로써 어느 정도 성과를 거둘 수 있었다. 그때까지 포로로 잡혀 있던 헤센 방백 필리프와 작센 공작 요한 프리드리히 1세도 드디어 풀려났다. 지속적이며 실현 가능한 종교 평화를 회복하기 위해 개신교 진영과의 협상 역시 진행될 예정이었다. 다른 한편으로, 프랑스는 황제에게 항거했던 독일 제후들과의 합의하에 제국도시 메스를 비롯한 여러 도시를 점령했다. 이렇게 제국 영토를 빼앗긴 카를 5세는 프랑스에게 설욕할 기회를 엿보다가 1552년과 1553년 사이에 프랑스를 공격했으나, 영토 수복은 실패로 돌아갔다. 독일에서 카를 5세의 몰락이 드디어 코앞까지 다가온 것이다.

### 아우크스부르크 종교화의와 황제 카를 5세의 퇴위

이러한 배경에서 1555년에 결정적인 사건 두 개가 연달아 일어났다. 첫째로, 아우크스부르크 종교화의가 체결되었다. 독일 역사에서 중대한 분기점이 된 아우크스부르크 종교화의는 카를 5세가 아닌 페르디난트 1세의 작품이었다. 아우크스부르크 종교화의에서 핵심은 루터파를 제국법적으로 최종 승인하는 내용이었는데(칼뱅파를 비롯한 다른 개혁파 신앙은 제외되었다), 이로써 종파 분열 현상은 헌법으로 인정된 것이나 다름없었다. 특히 아우크스부르크 종교화의에 따라 제후와 제국기사는 가톨릭과 루터파 가운데 신앙을 자유롭게 선택할 권리를 보장받았고, 그 결과 종파 결정권은 제국에서 각 영방으로 넘어가게 되었다. 백성들은 해당 지역의 통치자가 선택한 종파를 기본적으로 따라야 했지만, 통치자의 결정을 받아들이지 못할 경우 농노 신분이 아닌 한 다른 지역으로 이주할 권리를 보장받았다. 당시 제국도시 중 두 종파가 섞여 있던 곳에서는 가톨릭과 루터파의 공존이 인정되었다. 종교 영지와 관련해서는 특별 조항이 마련되었다.* 이렇듯 아우크스부르크 종교화의는 종교 문제를 해결하는 데 일차 목적이 있었지만, 지난 반세기 동안 시도되었던 제국 개혁과 관련해서도 성과가 나타났다. 제국대법원의 판결을 집행할 권한을 10개로 구성된 제국관구에 위임하고 제국관구별로 군대를 소집할 수 있도록 결정한 것인데, 이로써 제국의 신분 대표자(세속 제후, 성직 제후 및 제국도시)들의 지위가 크게 상승했다. 이처럼 종파 분열이 공식적으로 인정을 받게 되면서 신앙의 통합을 이루기 위해 평생을 바쳤던 카를 5세의 노력도 덩달아 수포로 돌아갔다.

그 여파로 같은 해 두 번째 중대한 사건이 일어났다. 카를 5세가 자신

---

* 아우크스부르크 종교화의에 이른바 '종교적 단서 조항(Geistiger Vorbehalt)'이 명시되었다. 신성로마제국의 제후는 크게 세속 제후와 성직 제후로 나뉘었는데, 성직 제후는 고위 성직자(대주교, 주교, 수도원장 등)로서 본인이 맡은 종교 조직(대주교구, 주교구, 수도원 등)을 총괄하는 동시에 세속 영토까지 통치했다. 종교적 단서 조항은 가톨릭 성직 제후가 개신교로 개종하면, 해당 인물의 성직은 물론이고 모든 세속권력을 박탈한다는 내용이었다. 다시 말해 세속 제후에게는 신앙의 자유를 허용하지만, 성직 제후에게는 신앙의 자유를 제한하겠다는 의미였다. 제국 내 가톨릭 세력이 줄어드는 것을 막으려던 것이다.

의 모든 직위를 내려놓겠다고 선언
한 것이다. 그는 이듬해 신성로마제
국의 황위를 동생 페르디난트 1세
에게 넘겨주는 한편, 에스파냐 왕위
는 아들 펠리페 2세에게 물려주었
다. 이후 카를 5세는 마드리드 서쪽
에 위치한 유스테의 산 헤로니모 수
도원 근처에 거처를 마련한 후 그곳
에서 1년 반가량 조용히 여생을 보
냈다. 구제국 천 년의 역사를 통틀
어 카를 5세는 가장 강력한 황제 중
한 명인 동시에 사망이나 폐위 등으

프란츠 베헴이 마인츠에서 인쇄한 아우크스
부르크 종교화의 문서의 첫 장.

로 황위에서 물러난 것이 아니라 자진해서 퇴위한 유일한 황제였다. 부
르고뉴에서 태어나 장기간 로마·독일제국의 황제로 군림한 카를 5세
는 1558년에 에스파냐에서 서거했고, 그로부터 몇 년 뒤에 그의 유해
는 에스파냐 국왕들의 영묘로 사용된 엘에스코리알로 옮겨졌다.

　카를 5세가 물러나고 몇 년이 지난 1558년, 페르디난트 1세가 프랑크
푸르트에서 '선출된 로마 황제'로 선포됨에 따라 제국궁정원Reichshofrat
이나 제국재상국Reichskanzlei과 같은 제국의 주요 기관들이 황제의 거주
지에 새로 설치되었다. 특히 제국궁정원은 시간이 지나면서 제국대법
원과 어깨를 나란히 하는 사법기관으로 성장했다.

페르디난트 1세는 가톨릭 신앙을 회복하기 위해 다양한 종교적·정치적 조치를 취하는 한편, 자신의 아들 막시밀리안이 1562년에 로마·독일 왕 '막시밀리안 2세'로 선출되도록 힘썼다. 페르디난트 1세는 또한 자신의 영지를 분할해서 세 아들에게 물려주었는데, 이에 앞서 자신의 영토를 예수회에 개방했다. 이로써 예수회는 합스부르크 세습영지에서 반反종교개혁을 밀어붙일 기회를 얻었고, 이때 트렌토 공의회에서 채택된 방침들을 적극적으로 도입했다. 페르디난트 1세는 분명 가톨릭 세계를 쇄신하는 동시에 개신교와의 평화적 공존을 모색하기 위해 진지하게 노력했고 어느 정도 성과도 거뒀다. 하지만 장기적으로 봤을 때 제국의 종파 문제는 제후들의 정치적·권력적 이해관계와 얽혀 무서운 파괴력을 지닌 분쟁의 씨앗이 될 소지가 컸다.

# 6장

•

# 패권을 잡은 에스파냐

카롤루스 대제 이후 유럽 전역을 제패할 보편 군주제 실현이라는 목표에 가장 가까이 다가섰던 통치자는 카를 5세였다. 하지만 카를 5세는 자신의 야심찬 계획이 수포로 돌아가자 군주로 활동하던 무대에서 예상보다 빨리 퇴장해야만 했다. 카를 5세가 물러난 후 합스부르크 가문은 에스파냐 계열과 오스트리아 계열로 갈라져 에스파냐와 이탈리아, 저지대 국가 및 해외 식민지는 카를 5세의 아들 펠리페 2세에게 넘어간 한편, 오스트리아와 보헤미아, 헝가리 및 알레마니엔에 남아 있던 포더외스터라이히는 카를 5세의 동생 페르디난트 1세에게 돌아갔다. 합스부르크 가문이 다시 하나가 되려면 한쪽의 후사가 끊기는 방법밖에 없었는데, 1700년에 에스파냐 계열의 대가 실제로 단절되었다. 오스트리아 계열의 연장자인 에스파냐 계열은 1580년에 포르투갈을 병합하면서 16세기 후반에 유럽의 패권국가로 부상했을 뿐만 아니라, 막대한 수익을 올릴 수 있는 광대한 해외 식민지를 손에 넣음으로써 배후에 엄청난 자원을 확보했다. 펠리페 2세는 이를 발판 삼아 합스부르크 가문 내에서 강력한 권위를 내세울 수 있었고, 오스트리아 계열의 역사도 한동안 그의 영향 아래 전개되었다.

## 에스파냐 왕 펠리페 2세와 황제 막시밀리안 2세: 성향이 확연히 달랐던 사촌

카를 5세는 1543년에 당시 열여섯 살에 불과했던 펠리페 2세에게 에스파냐의 통치권을 맡겼다. 펠리페 2세는 내향적 기질의 소유자로 의무감이 남달랐으며 독일에서 종파 분열이 발생했음에도 전혀 흔들리지 않은 독실한 가톨릭 신자였다. 그는 다른 사람과 관계를 맺을 때 거리를 두고 감정을 드러내지 않았기 때문에 경직되고 거만하다는 인상을 주었지만, 실제로는 사냥을 좋아하고 조원술造園術의 발전을 위해 지원을 아끼지 않을 만큼 자연을 소중히 여겼던 인물이다. 특히 음악과 회화, 학문에 관심이 깊었던 펠리페 2세는 각종 도서와 예술품, 동전, 악기 등을 열심히 모았는데, 이 수집품들이 밑거름이 되어 그가 건립한 엘에스코리알은 어마어마한 양의 문화유산을 소장하게 되었다.

에스파냐가 대륙의 변두리에 위치했음에도 불구하고 펠리페 2세는 당대 유럽의 가장 강력하고 영향력 있는 군주로 올라섰다. 펠리페 2세는 가톨릭 세계의 대표자 중에 가장 막강한 통치자인 동시에 반종교개혁의 열렬한 후원자였기 때문에, 그가 없었더라면 중부 유럽의 역사는 다른 방향으로 흘러갔을 것이다. 또한 펠리페 2세가 개신교와 맞서지 않았더라면 여러 개혁주의 종파를 비롯한 개신교 세력이 유럽에 훨씬 넓게 퍼져나갔을 것이다. 합스부르크 가문만 보더라도 개신교로 개종하려는 인물들이 있었다. 특히 펠리페 2세의 사촌이자 페르디난트 1세의 후계자였던 황제 막시밀리안 2세는 개신교에 대단히 우호적이었다. 따라서 최고의 권력을 휘둘렀던 에스파냐 친척들이 단호하게 대응하지 않았더라면 막시밀리안 2세의 치세동안 합스부르크 가문의 오스트리아 계열이 개신교로 넘어갔을지도 모른다.

황제 막시밀리안 2세(재위 1564~1576). 알프레트 레텔 그림, 프랑크푸르트 황제의 홀 소장.

　1564년부터 1576년까지 황제 자리에 있었던 막시밀리안 2세는 동년배인 에스파냐 국왕 펠리페 2세와 여러 면에서 대척점에 있었는데, 무엇보다 종교적 측면에서 차이가 많이 났다. 1527년 빈에서 태어난 막시밀리안 2세는 유년기의 대부분을 인스브루크에서 보냈다. 내심 종교개혁의 색채를 지닌 가정교사들의 영향으로 그는 이미 청소년기부터 개신교에 관심을 보이기 시작했다. 막시밀리안 2세는 인생을 즐기는 개방적 성격의 소유자로 주위로부터 큰 사랑을 받았는데, 가톨릭 신앙을 확고하게 고수했던 카를 5세조차 그를 매우 아꼈다. 하지만 카를 5세는 결국 막시밀리안 2세의 교육에 개입하기 시작했고, 열일곱 살이 된 조카를 엄격한 에스파냐 궁정으로 불러들였다. 카를 5세는 1547년에 벌어진 뮐베르크 전투에도 막시밀리안 2세를 데리고 갔는데, 이때 막시밀리안 2세는 카를 5세가 적대 세력으로 간주한 루터파 신도들을 보고 오히려 깊은 인상을 받았다. 이에 카를 5세는 막시밀리안 2세와 함께 다시 에스파냐로 돌아간 후, 1548년에 자신의 딸이자 펠리페 2세의 동생인 동시에 막시밀리안 2세의 사촌인 마리아와 결혼시켰다. 그는 이 결혼을 통해 막시밀리안 2세를 합스부르크 가문이 지향했던 가톨릭 중심의 정치 노선으로 더 깊이 끌어들이려 했다. 이 결혼은 에스파냐 계열과 오스트리아 계열 사이에 성사된 첫 번째 결혼으로, 이후 120여 년 동안 두 왕가 사이에 근친혼이 여섯 차례 더 이루어졌다. 카를 5세는 에스파냐를 떠나 있는 동안 막시밀리안 2세 부부에게 에스파냐의 섭정 자리를 맡겼다. 마리아는 남편의 종교적 입장을 바꿔보려 했으나 큰 결실을 보진 못했고, 막시밀리안 2세는 너무 티가 나지 않는 선에서 개신교에 계속 호감을 보였다. 하지만 이러한 종교적 차이와는 별개로 막시밀리안 2세와 마리아는 슬하에 자녀를 16명이나 둘 정도로 행복한 결혼생활을 유지했다.

막시밀리안 2세의 종교적 성향 때문에 근심이 컸던 것은 부왕 페르디난트 1세도 마찬가지였다. 막시밀리안 2세는 종파를 선택하라는 질문에 자신은 가톨릭 신자도 개신교 신자도 아닌 기독교인이라고 답함으로써 질문을 피했다고 한다. 막시밀리안 2세는 황위를 이어받을 가능성이 높아지자 그제야 겉으로나마 가톨릭 신앙을 명확하게 고백했다. 개신교 신자가 로마 전통에 기반을 둔 황제관을 쓴다는 것은 있을 수 없는 일이었기 때문이다.

이제 황제로 등극한 막시밀리안 2세는 제국의 이해관계를 보호해야만 하는 입장이 되었다. 당시 개신교 진영을 이끌었던 사람 중 한 명이었던 작센 공작 요한 프리드리히 2세가 카를 5세에게 빼앗겼던 선제후 작위를 되찾기 위해 막시밀리안 2세를 상대로 모반을 꾀한 상황이었다. 막시밀리안 2세는 요한 프리드리히 2세를 포로로 잡은 후 죽을 때까지 그를 풀어주지 않았다. 반면에 합스부르크 세습영지 안에서 개신교로 개종한 귀족들에게는 신앙생활을 할 수 있도록 자유를 어느 정도 허용했다. 또한 그는 아우크스부르크 종교화의에서 결정된 내용을 제국 내에서 관철시키기 위해 노력했고, 특히 개혁파 신앙에 대해선 타협의 여지를 조금도 남기지 않았다. 한편 저지대 국가에서 에스파냐 계열 합스부르크 가문의 통치에 맞서 현지 귀족들의 지원을 등에 업고 반란이 일어났다. 이 반란은 1566년에 칼뱅주의자들이 벌인 극단적 성상 파괴 운동으로 절정에 이르렀고, 그 결과 단 며칠 만에 거의 400개에 달하는 수도원과 교회 건물이 황폐화되었다. 펠리페 2세는 알바 공작을 저지대 국가로 파견해 반란을 무자비하게 진압했다. 이때 막시밀리안 2세는 저지대 국가의 반란을 규탄하는 동시에 펠리페 2세와의 관계를 해치지 않는 수준에서 사촌의 강경한 탄압 조치를 비판했다. 막시밀리안 2세가 가장 강도 높게 비난한 것은 바로 1572년에 파리에서 위그노(프랑스에서 칼뱅의 신학을 따르는 개신교 신자)에게 자행한 '생바르텔미 축일의 학살'이었는데, 이 참극을 시작으로 프랑스는 피비린내 나는 종교전쟁의 소용돌이에 휩쓸리고 말았다. 그는 숨을 거두는 마지막 순간까지 종교 문제에 열린 태도를 견지했고, 독실한 가톨릭 신자였던 황후 마리아의 간곡한 부탁에도 불구하고 종부성사를 끝내 거절했다. 막시밀리안 2세는 이처럼 유연한 입장을 취한 덕분에 12년의 치세 동안 제국이 종교 분쟁에 말려드는 것을 최대한 막을 수 있었다.

## 에스파냐 왕 펠리페 2세의 정략결혼

펠리페 2세는 막시밀리안 2세보다 20년 넘게 더 살았다. 유럽에서 가장 강력한 군주였던 그는 합스부르크 가문의 수장 역할을 계속하길 원했다. 1570년, 펠리페 2세는 우선 가문 내의 결속력을 다지는 차원에서 막시밀리안 2세의 딸인 오스트리아의 안나와 결혼하기로 결정했다. 이 것은 에스파냐 계열과 오스트리아 계열 사이에 성사된 두 번째 결혼으로 펠리페 2세 개인에게는 네 번째 결혼이었다. 앞서 결혼했던 세 명 모두 펠리페 2세보다 일찍 사망했고, 네 번째 결혼식이 치러질 때까지도 에스파냐를 계승할 후사가 없는 상황이었다.

펠리페 2세의 첫 결혼 상대자는 외사촌인 포르투갈의 공주 마리아 마누엘라였다. 펠리페 2세와 마리아 사이에 아스투리아스 공 카를로스 (1545~1568)[일명 돈 카를로스]가 태어났으나 정신 장애를 가지고 있던 카를로스는 아버지와 심한 갈등을 빚은 끝에 파국을 맞이했다. 펠리페 2세의 두 번째 부인은 영국 왕 헨리 8세의 딸인 메리 1세였다. '피로 물든 메리Bloody Mary'로도 불렸던 그녀는 폭력을 동원하면 영국을 가톨릭 국가로 되돌려놓을 수 있으리라 확신했던 인물이다. 둘 사이에 성년에 이른 아들이 있었더라면 에스파냐와 영국에 대한 계승권을 주장할 수도 있었겠지만(물론 그렇더라도 영국의 계승권을 관철하긴 힘들었을 것이다), 이 묘한 결혼 관계는 자녀를 보지 못한 채 끝나고 말았다. 메리 1세의 때 이른 사망으로 영국의 통치권을 이어받은 것은 그녀의 이복동생인 엘리자베스 1세였다. 엘리자베스는 영국의 황금기를 이룩했을 뿐만 아니라 지정학적 측면에서 펠리페 2세의 강력한 경쟁자로 부상했다. 펠리페 2세의 세 번째 결혼 상대는 프랑스 국왕 앙리 2세의 딸 엘리자베트 드 발루아였다. 프랑스의 공주는 자녀를 여러 명 낳았으나 성년에 이른 남성 후계자는 끝내 남기지 못하고 생을 마감했다.

이렇듯 불운이 이어지다 보니 펠리페 2세는 자신의 금욕적 이상에 맞게 홀아비로 남고 싶어했을 것이다. 하지만 가문의 운명을 생각하지 않을 수 없었던 펠리페 2세는 결국 오스트리아 계열 출신의 사촌을 아

에스파냐 왕 펠리페 2세. 안토니스 모르 그림, 1560년
경, 에스파냐 엘에스코리알 소장.

내로 맞이하기로 결정하고 네 번째 결혼식을 치렀다. 그는 이 결혼을 통해서 훗날 '펠리페 3세'로 즉위할 후계자를 드디어 얻었으나, 이 결혼 역시 불행으로 점철되었다. 둘 사이에 태어난 자녀 중에 사산아가 있었던 것은 물론이고 성년이 되기 전에 사망한 아이도 있었고, 오스트리아의 안나마저 조산 직후 젊은 나이에 숨을 거두었기 때문이다.

사실 펠리페 2세는 방어적이고 온화한 성격에 가까웠다. 하지만 그가 통치한 영토는 광대했을 뿐만 아니라 각양각색의 지역들로 구성되어 있었기 때문에 내외부적으로 갈등을 피하기 힘들었다. 에스파냐에서는 그라나다의 모리스코(이베리아반도에서 가톨릭으로 개종한 이슬람교도)들이 봉기를 일으켰고 저지대 국가에서도 반란이 일어났다. 게다가 에스파냐는 북아프리카에서 여러 거점을 상실한 한편, 아르마다 Armada*마저 침몰되는 수모를 겪어야 했다. 반대로 에스파냐는 레판토

---

* 에스파냐어로 '함대'라는 뜻으로, 여기서는 에스파냐의 이른바 무적함대를 가리킨다. 1588년 영국과 맞선 칼레 해전에서 큰 손실을 입었다.

해전에서 오스만제국을 상대로 대승을 거두는 등 빛나는 업적을 남기기도 했다. 하지만 펠리페 2세가 40년 넘게 통치하는 동안 에스파냐가 국가 파산을 두 차례 이상 선언했다는 사실도 잊어선 안 될 것이다. 접근하기 어렵고 사람들과 거리를 두는 성격이었던 펠리페 2세의 영향을 받아 에스파냐의 궁정 예식은 점차 엄격해졌고, 이에 따라 궁정 복장은 간소해졌는데, 이러한 에스파냐 특유의 궁정 문화는 서서히 유럽의 모범으로 자리잡기 시작했다. 또한 펠리페 2세는 에스파냐제국을 다스리면서 사람들 앞에 화려하게 등장하거나 전투에서 승리를 거두는 방식에 의존하기보다는 자신의 천성에 맞게 관료주의적 통치 체제를 확립하는 쪽을 택했다.

# 7장

●

# 황제 루돌프 2세와 마티아스

### 30년 전쟁 전야에 벌어진 골육상쟁

개방적이었던 막시밀리안 2세의 서거로 1576년에 그의 아들인 루돌프 2세가 황제로 즉위했다. 여러 방면으로 난해하면서도 지극히 내향적이었던 루돌프 2세는 '프라하 성의 불가사의한 기인'으로도 불렸는데, 말년에 정신분열 증상을 보였다고 전해진다. 어린 시절 축적된 모순된 경험들이 성인이 된 루돌프 2세의 행동 방식에 지대한 영향을 미쳤던 것으로 보인다. 1552년에 태어난 루돌프 2세는 종교적으로 관대했던 아버지의 보살핌 아래 빈에서 근심 없이 어린 시절을 보냈다. 하지만 막시밀리안 2세가 자녀 교육을 예수회에 맡기라는 가문의 요구를 거절하면서 루돌프 2세의 인생에 큰 변화가 찾아왔다. 할아버지 페르디난트 1세가 펠리페 2세의 설득에 넘어가 루돌프 2세와 그의 동생인 에른스트를 에스파냐로 보내 펠리페 2세의 손에 맡긴 것이다. 이렇게 해서 루돌프 2세는 열한 살이 되던 해인 1563년에 동생 에른스트와 함께 엄격한 가톨릭 신앙이 지배했던 마드리드 궁정으로 보내졌고, 그곳에서 한편으론 경직되고 다른 한편으론 세련된 에스파냐식 궁정 예식을 경험하게 되었다. 그는 제국으로 돌아간 후에도 에스파냐식 검은 복장을 입고 다니고 위엄과 거리감을 중요시한 에스파냐식 왕궁 예법을 따르려고 했을 만큼 에스파냐 문화에 매료되었으나, 에스파냐에서 체류하는 동안 암울한 경험도 많이 했다. 그중 하나가 펠리페 2세와 극도의 신경전을 벌였던 에스파냐의 왕세자 돈 카를로스가 맞이한 의문의 죽음이었다. 한때 돈 카를로스 대신에 루돌프 2세가 에스파냐의 왕위 후계자로 고려된 적이 있었기 때문에 루돌프 2세와 펠리페 2세의 딸인 이사벨 클라라 에우헤니아 사이에 약혼이 성사되기도 했으나, 나중에 루돌프 2세는 결혼할 뜻이 없음을 밝혔다. 이로써 후계자를 얻을 가능성도 사라져버렸는데, 이러한 루돌프 2세의 결정에는 청

황제 루돌프 2세(재위 1576~1612). 카를 요한 네포무크 헤메를라인 그림, 프랑크푸르트 황제의 홀 소장.

소년기의 어두운 기억들이 영향을 미친 것으로 추측된다. 다른 한편으로 루돌프 2세는 막시밀리안 2세 아래에서 개방적인 궁정 생활을 경험하고 에스파냐에서 오래 체류한 덕분에 수준 높은 교육을 받을 수 있었다. 그는 천문학과 점성술에 조예가 깊었고, 예술에 대한 열정이 남달랐으며 다섯 개 언어를 유창하게 구사할 만큼 언어 능력이 뛰어났다. 막시밀리안 2세는 생전에 루돌프 2세를 헝가리 왕좌(1572년)와 보헤미아 왕좌(1575년)에 앉혔고, 1575년에 로마·독일 왕으로 선출시키는 데까지 성공했다. 그리고 이듬해인 1576년에 막시밀리안 2세가 세상을 떠나면서 루돌프 2세가 황제로 올라섰다.

## 네덜란드에 도박을 건 마티아스 대공

루돌프 2세에겐 에른스트 외에 마티아스와 알브레히트라는 두 명의 형제가 더 있었고, 오스트리아 계열 쪽으로도 사촌이 여럿 있었다. 당시 합스부르크 가문의 광활한 통치 영역은 유럽 전역에 흩어져 있어서 각기 정체성이 다른 지역들로 이루어져 있었는데, 루돌프 2세의 남자 친척들은 이러한 합스부르크제국 안에서 총독이나 주교와 같은 요직을 맡을 만큼 충분한 잠재력을 가지고 있었다. 특히 루돌프 2세보다 다섯 살 아래인 마티아스는 일찍부터 강한 권력욕을 드러낸 인물이었다. 막시밀리안 2세가 루돌프 2세의 동생들에게 하나같이 유산을 비교적 적게 남긴 탓에 마티아스는 형에게 질투를 심하게 느꼈다고 한다. 이렇듯 상속 문제와 관련해서 불공평한 대우를 받았다고 생각한 마티아스는 부왕이 사망한 직후 자신이 처한 부당한 상황을 바로잡기 위해 한 치 앞도 예상할 수 없는 도박에 독단적으로 뛰어들었다. 스물한 살이 되던 해인 1578년, 네덜란드의 반란 세력 중 온건파에 속했던 의원들의 설득으로 네덜란드 총독 자리를 받아들인 것이다. 이는 펠리페 2세와 맞서는 행동이기도 했는데, 이때 마티아스는 황제로 갓 즉위한 루돌프 2세에게 모든 것을 비밀로 했다. 네덜란드에 도착한 마티아스는 붙임성 있는 성격으로 처음에는 긍정적인 평가를 받았으나, 그의 약한 의지력과 정치적 무능력이 금세 드러나고 말았다. 더군다나 마티아스는 빌럼 판 오라녀의 보호를 받아야만 하는 상황에 처하면서, 운신의 폭이 빠른 속도로 좁아졌다. 1581년, 마티아스는 결국 실패로 끝난 모험을 뒤로하고 오스트리아로 돌아왔다. 루돌프 2세는 처벌의 의미로 마티아스를 린츠로 쫓아내 정치적으로 별 볼 일 없는 지위에 머물게 했다. 하지만 이러한 조치로 마티아스의 야욕을 완전히 잠재울 수는 없었다. 이후 형제 사이의 불화는 걷잡을 수 없이 고조되었는데, 네덜란드 사건은 하나의 서막에 불과했다.

## 황제의 새로운 거처로 부상한 프라하

1583년, 루돌프 2세는 황실의 거처를 빈에서 프라하로 옮겼다. 이를 계기로 프라하는 예술과 학문을 적극적으로 후원했던 루돌프 2세의 통치

아래 전성기를 맞이했고 유럽의 문화 중심지로 발돋움할 수 있었다. 이 외에도 루돌프 2세는 요하네스 케플러, 덴마크의 천문학자 튀코 브라헤와 같은 과학자들을 프라하로 초청하는가 하면, 매너리즘 예술을 후원하는 동시에 바르톨로뫼스 스프랑허르, 한스 폰 아헨, 주세페 아르침볼도와 같은 예술가들을 자신의 궁정으로 불러들였다. 현재 빈 미술사 박물관에 소장된 작품 가운데 루돌프 2세의 수집품이 큰 비중을 차지하고 있는 점을 생각하면 루돌프 2세는 오스트리아의 미술관 발전에 중요한 공헌을 한 셈이다.

하지만 이렇게 왕궁이 보헤미아로 이전하면서 루돌프 2세는 오버외스터라이히와 니더외스터라이히를 직접 통치하기 힘들어졌고 빈의 거처도 포기할 수밖에 없었다. 이에 따라 루돌프 2세는 이 지역의 총독직을 에른스트에게 맡겼다. 하지만 에른스트가 사망하자 루돌프 2세와 경쟁을 일삼던 마티아스는 바로 이 틈을 비집고 들어가 오스트리아를 중심으로 활동을 재개했다.

루돌프 2세는 에스파냐의 궁정에서 자란 것치고는 상대적으로 관대한 종교 정책을 펼쳤다. 루돌프 2세가 가톨릭의 입장을 보호하려고 했던 것은 분명하나, 그렇다고 제국에 이미 뿌리내린 종교적 다양성을 존중하지 않은 것은 아니었기 때문이다. 루돌프 2세는 기독교 세계가 언젠가 다시 통합되리라는 희망을 버리지 않았으나, 자신이 통치하는 동안 종파 사이의 대립이 날로 첨예해지는 것은 물론이고 아우크스부르크 종교화의의 해석을 둘러싼 충돌이 계속되는 것을 막을 도리가 없었다. 대표적인 예로 1582년과 1583년 사이에 쾰른선제후국을 놓고 격렬한 분쟁이 일어났다. 원인은 쾰른의 선제후이자 대주교 게브하르트 트룩세스가 개신교로 개종하면서 1555년 아우크스부르크 종교화의에 명시된 '종교적 단서 조항'에 따라 모든 직위와 권리를 박탈당한 것이었다. 이렇게 해서 쾰른 전쟁이 발발했는데, 그 결과 향후 200여 년 동안 비텔스바흐 가문 중 바이에른 계열의 일원들이 쾰른 대주교직을 독식하게 되었고, 이로써 쾰른선제후국은 가톨릭의 손아귀에서 벗어날 수 없게 되었다. 또한 쾰른 전쟁을 계기로 바이에른 계열은 점차 가톨릭 진영의 선봉장 역할을 맡게 되었다. 다른 한편 종파 사이의 갈등으로 제국의회의 기능까지 마비되는 지경에 이르렀는데, 특히 1608년과 1609년 사이에 개신교 진영의 연맹체인 우니온Union과 가톨릭 진영의 동맹체인 리가Liga가 결성되면서 제후들마저 두 패로 극명하게 갈리고 말았다.

## 종파 대립과 형제간의 권력 쟁탈전

아우크스부르크 종교화의 덕분에 최소한 신성로마제국 안에서는 수십 년 동안 평화가 지속되었다. 하지만 루돌프 2세가 통치하는 동안 종파 사이의 대립이 다시 본격화되면서 어렵게 되찾은 평화에 서서히 금이 가기 시작했다. 여기에 더해 예전부터 황제들을 괴롭혔던 문제까지 다시 대두되었다. 바로 오스만제국이 또다시 영토 팽창에 열을 올리며 위협을 가한 것이다. 1592년 이후 오스만제국과의 군사적 충돌이 재개되었는데, 이때 마티아스가 개입함으로써 일단 하나의 전환점을 마련했다. 사실 마티아스는 이 시기에 합스부르크 가문의 권력구조 안에서 자신의 입지를 강화하는 데 총력을 기울이고 있는 상태였다. 그는 무엇보다 네덜란드에서 실패를 겪은 후 다시 세력을 일으키기 위해 몇 년 동안이나 대책을 궁리했다. 성직을 얻고자 노력하는가 하면, 폴란드의 왕위 후보자로도 협상에 나섰고, 티롤과 포더외스터라이히의 통치권을 넘보기까지 했으나 큰 성과는 없었다. 그러다가 펠리페 2세가 오스트리아의 총독으로 활동하던 에른스트를 네덜란드의 총독으로 임명하면서 드디어 마티아스에게도 기회가 찾아왔다. 에른스트가 네덜란드로 떠난 후 마티아스는 공석이 된 오스트리아 총독 자리를 손에 넣었고, 그곳을 근거지로 삼아 오스만튀르크에 성공적으로 대응했을 뿐만 아니라, 루돌프 2세와의 갈등 관계에서도 유리한 위치를 확보할 수 있었다. 그는 오스트리아의 총독으로 활동하면서 이전보다 반종교개혁 정책을 훨씬 더 강력하게 펼쳤는데, 상황에 따라서는 개신교 진영과 타협하는 모습을 보이기도 했다. 이 시기에 마티아스의 가장 중요한 고문은 멜히오어 클레슬이란 인물이었다. 개신교 신자였던 제빵사의 아들로 태어난 클레슬은 가톨릭으로 개종한 후 종교계와 정치계에서 출세가도를 달렸고, 이를 발판으로 1602년에 자신의 고향인 빈에서 주교로 추대되었다. 이후 추기경직까지 거머쥔 클레슬은 배후에서 마티아스의 활동에 적극적으로 힘을 실어주었다.

한편 1590년대 초부터 루돌프 2세와 마티아스 사이에 벌어진 갈등의 골은 갈수록 깊어졌다. 당시 루돌프 2세에게 정신질환의 징후가 처음 나타났는데, 그 영향으로 그의 통치 능력도 현저히 떨어지기 시작했다. 게다가 루돌프 2세는 여전히 결혼하지 않은 상태였고, 왕위 후계자를 얻기 위한 노력을 전혀 하지 않았다(혼외로 낳은 자식은 여럿 있었다). 따라서 합스부르크 가문의 친척들은 루돌프 2세가 자신들 가운데 한 사람을 독일의 왕위 후보자로 내세우리라고 예상했다. 이때 가장 유력한 후보자는 마티아스였다. 1595년에 에른스트가 사망함에 따라 남자 친족 가운데 마티아스가 가장 서열이 높았기 때문이다. 하지만 루돌프 2세는 후계자 결정을 미루고 미뤘는데, 마티아스에게 품은 개인적 반감도 분명 작용했을 것이다. 어쨌거나 루돌프 2세가 결정을 끊임없이 미룬 결과 합스부르크 가문은 심각한 문제에 봉착하게 되었다. 마티아스가 이 시기에 야심을 더욱 노골적으로 드러낸 이유도 이러한 루돌프 2세의 우유부단한 모습에서 비롯되었다. 결국 합스부르크 가문의 대공들은 답답한 상황을 타개하기 위해 뭉치기 시작했고, 1606년에 문서상으로 마티아스를 합스부르크 가문의 수장으로 정했다. 하지만 루돌프 2세는 이 문서는 물론이고 마티아스가 오스만제국과 체결한 지트바토로크 평화조약과 헝가리의 반란 세력과 맺은 빈 평화조약까지 모두 인정하길 거부했다.

다른 한편으로 루돌프 2세와 마티아스는 각자 통치 영역에서 자신의 편이 되어줄 협력자를 찾았고, 그 과정에서 각 지역의 신분 대표자들과 손을 잡았다. 이때 그들은 종파를 불문하고 같은 편을 구했기 때문에 개신교 쪽의 지원도 마다하지 않았다. 결과적으로 마티아스는 오스트리아와 헝가리, 모라비아의 개신교 신분 대표자들을 같은 편으로 끌어들일 수 있었다. 다른 한쪽에서는 루돌프 2세가 보헤미아의 막강한 개신교 신분 대표자들을 자기편으로 만드는 데 성공했다. 하지만 그는 그 대가로 1609년에 '황제칙서Majestätsbrief'에 서명함으로써 보헤미아의 개신교 신자들에게 신앙의 자유를 허용해야만 했다. 자부심이 강했던 보헤미아의 신분 대표자들(영주, 기사, 도시)에게 황제칙서가 갖는 의미는 대단히 컸는데, 황제칙서를 통해 보장된 내용들은 곧 실레시아에서도 효력을 갖게 되었고, 황제칙서는 향후 종교적 관용이 정착하는 과정에서 중요한 이정표 역할을 했다. 하지만 불행히도 여러 종교적·정치적 이유와 합스부르크 가문의 가족·정치 이해관계가 복잡하게 얽히면서 개신교 신자들은 나중에 황제칙서의 효력이 상실되는 것을 막을 수 없었다.

이 와중에 루돌프 2세의 정신분열 증세는 갈수록 심각해졌는데, 마티아스는 이렇게 정신건강이 급격히 악화된 루돌프 2세를 권좌에서 조금씩 끌어내렸다. 1608년, 마티아스는 우선 루돌프 2세를 압박해 오스트리아와 헝가리, 모라비아의 통치권을 넘겨받았고, 같은 해에 헝가리 왕으로 즉위했다. 이후 마티아스는 군사를 이끌고 보헤미아로 진격했으나, 이때 합스부르크 가문에서 유일하게 루돌프 2세의 편에 섰던 레오폴트 대공이 용병대를 이끌고 보헤미아로 접근했다. 이 탓에 마티아스의 프라하 입성은 한참 지연되다가 1611년에 비로소 성 비투스 대성당에서 보헤미아 국왕 대관식을 거행할 수 있었다. 이로써 루돌프 2세는 합스부르크 가문의 세습영지를 모두 뺏기고 말았다. 그는 명목상 황제의 칭호를 계속 썼으나, 프라하 성에 유폐된 신세로 사실상 모든 권력을 잃은 것과 마찬가지였다. 그로부터 몇 달이 지난 1612년 1월 20일에 루돌프 2세가 숨을 거두면서 형제 사이의 기나긴 분쟁은 마침내 일단락되었고, 마티아스가 명실상부한 일인자로 등극했다.

## 황제 마티아스의 통치 (1612~1619)

루돌프 2세가 서거한 시점에서 몇 달 뒤에 선제후들은 마티아스를 황제로 선출했다. 드디어 정상에 오른 마티아스였지만, 정작 정상에서 흔들리는 모습을 보여줬다. 마티아스는 혼자 힘으로 아무것도 해내지 못해 국정의 대부분을 최측근인 클레슬에게 맡겼고, 클레슬은 종파 사이의 화합을 지향하는 정책을 펼쳤다. 이는 클레슬이 신성로마제국과 합스부르크 세습영지의 신분 대표자들을 규합해 오스만튀르크 원정군을 일으키겠다는 원대한 뜻을 품고 있었기 때문이다. 하지만 이러한 그의 노력은 가톨릭과 개신교 진영 모두의 반대에 부딪혔다. 클레슬은 비록 종파 사이의 화해를 도모하는 데는 실패했으나, 대신 오스만튀르크와의 평화조약을 1635년까지 연장하는 성과를 올렸다.

한편 마티아스도 루돌프 2세와 마찬가지로 곧 후계자 문제에 직면했다. 마티아스는 황제로 즉위하기 몇 달 전에 결혼했으나, 이때 이미 54세나 되었기 때문에 가문의 미래를 책임질 후손을 얻을 수 있을지 의문이었다. 이러한 상황에서 마티아스의 누나인 오스트리아의 안나를 어머니로 두었던 에스파냐의 국왕 펠리페 3세가 오스트리아 계열의 피가 섞였다는 사실을 근거로 마티아스의 후계자 자리를 노렸다. 하지만 펠리페 3세는 1617년에 체결된 오냐테 조약을 통해 전략적 핵심 지역인 알자스를 비롯해 오르테나우, 이탈리아의 제국 봉토 등을 얻는 대가로 제국 황위를 비롯해서 보헤미아와 헝가리 왕위를 아무것도 주장하지 않겠다고 약속했다. 훗날 30년 전쟁이 국제전으로 번지는 데 큰 역할을 했던 오냐테 조약으로 펠리페 3세가 왕위 경쟁에서 물러나면서 마티아스의 사촌이자 독실한 가톨릭 신자였던 슈타이어마르크 공작 페르디난트 〔훗날의 황제 페르디난트 2세〕가 유력한 후보로 떠올랐다. 1617년, 페르디난트는 루돌프 2세의 황제칙서에 명시된 신앙

황제 마티아스(재위 1612~1619). 요제프 단하우저 그림, 프랑크푸르트 황제의 홀 소장.

의 자유를 보장한다는 조건으로 보헤미아의 국왕으로 선출되었고, 1년 후 헝가리의 국왕으로 즉위했다. 그사이 마티아스는 프라하에 총독들을 남겨둔 채 빈으로 거처를 옮겼다. 하지만 얼마 후 하인리히 마티아스 폰 투른의 주도로 대부분 개신교 신자로 구성되었던 보헤미아의 신분제 의회가 합스부르크 가문에 의한 가톨릭 중심 통치에 분노해 반기를 들었다. 이때 종파 사이의 갈등뿐 아니라 보헤미아의 신분 대표자들과 오스트리아 출신 국왕 사이의 정치적 긴장 관계 등 곪아 있던 여러 문제가 이른바 '프라하 창문 투척 사건'으로 일순간 폭발했다. 1618년 5월 23일, 보헤미아의 신분 대표자들이 황제의 총독들을 프라하 성의 창문 밖으로 내던진 것이다. 이후 모든 권력을 휘어잡은 보헤미아의 신분 대표자들은 가톨릭과 반종교개혁의 지도자들을 추방했는데, 이에 따라 예수회와 프라하 주교는 물론이고 많은 수도사들이 보헤미아를 떠나야만 했다.

빈에 위치한 황궁에서는 이 극단적 도발에 어떻게 대응해야 할지를 놓고 의견이 분분했다. 클레슬은 화해 정책을 다시 펴야 한다고 주장했다. 하지만 보헤미아의 국왕 페르디난트는 강경노선을 걷기로 하고 클레슬을 투옥했다. 이미 우울증과 노환으로 무기력해진 마티아스는 이 사건을 계기로 더욱 깊은 절망감에 빠졌다. 결국 마티아스는 클레슬을 포기하기로 하고 페르디난트가 원하는 대로 하도록 내버려두었다. 그 여파로 합스부르크 가문의 궁정에서 강경파가 우위를 점하게 되었는데, 그들은 30년 전쟁이라는 처참한 비극이 코앞까지 다가왔다는 것을 깨닫지 못했다.

이처럼 30년 전쟁이 본격화될 무렵, 마티아스는 1619년 3월 20일에 세상을 떠났다. 그의 아내 안나는 신앙심이 깊었던 인물로 빈에 카푸친회 수도원을 세웠다. 바로 이곳에 마티아스와 안나의 시신이 묻혔고, 이후 오스트리아 계열의 일원 대부분도 같은 장소에 매장되었다.

# 8장

# 30년 전쟁과 합스부르크 가문

극도로 복잡한 사건이 모두 그렇듯 30년 전쟁도 다양한 이해관계와 동기들이 다차원적으로 얽힌 전쟁이었다. 우선 종파 사이의 긴장을 들 수 있는데, 100년 전 루터가 등장한 이후 부침을 거듭했던 종파 사이의 대립이 30년 전쟁을 통해 참혹한 절정에 이르렀다. 다음으로 30년 전쟁은 권력과 세력권을 놓고 벌어진 각축전이었고, 이때 제국 내 영방국가들뿐 아니라 제국 밖의 유럽 국가들까지 전쟁의 열기에 휩싸였다. 하지만 프랑스의 예를 통해서만 봐도 알 수 있듯이, 이들이 동맹을 맺을 때 반드시 종파를 기준으로 삼은 것은 아니었다. 당시에 합스부르크 가문은 반종교개혁의 선두주자 격이었지만, 같은 가톨릭 세력이었던 프랑스는 사방에서 최대의 적수였던 합스부르크 가문에게 에워싸이는 형국에 처하자 자국의 이익을 지키기 위해 주저하지 않고 개신교 국가였던 스웨덴과 손을 잡았다. 반면 스위스나 저지대 국가와 같은 군소 지역들은 30년 전쟁이라는 대혼란을 틈타 독립국으로 인정받는 동시에 합스부르크 가문의 지배에서 완전히 벗어나고자 했다. 마지막으로 독일 내부적으로 봤을 때 30년 전쟁은 중앙집권을 강화하고자 한 황제와 자치권을 추구한 영방 제후들이 제국헌법을 놓고 힘겨루기를 벌인 무대였다.

## 황제 페르디난트 2세와 바이에른 공작 막시밀리안 1세

합스부르크 가문에서 전쟁의 핵심인물은 신성로마제국의 황제인 페르디난트 2세였다. 종교 문제에 관대했던 삼촌 막시밀리안 2세나 교조적인 인물과는 거리가 멀었던 사촌 루돌프 2세와 달리 페르디난트 2세는 어릴 때부터 반종교개혁의 영향을 크게 받은 열렬한 가톨릭 신자로서 어머니이자 바이에른 공작의 딸이었던 마리아 안나의 감독 아래 엄격한 가톨릭 교육을 받고 자랐다. 고향 그라츠에서 개신교 세력의 영향력이 커지자 바이에른으로 거처를 옮긴 페르디난트 2세는 외삼촌이자 바이에른의 공작 빌헬름 5세의 보살핌 아래 예수회가 주름잡고 있던 잉골슈타트대학에서 공부를 계속했다. 바로 이곳에서 그는 외사촌이자 바이에른 공작의 후계자인 막시밀리안 1세와 만나게 되었다. 가톨릭이라는 공통분모를 가진 두 사람은 돈독한 관계를 형성했고, 이는 향후 페르디난트 2세의 정치활동에서 중요한 기반이 되었다. 훗날 바이에른 공작으로 등극한 막시밀리안 1세는 1597년부터 1651년까지 54년이라는 이례적으로 긴 기간 동안 통치하면서 탁월한 업적들을 남겼다. 그는 특히 30년 전쟁 내내 가톨릭 진영의 가장 중요하고 가장 강력한 지도자로 활약하며 전쟁의 핵심인물로 떠올랐고, 때론 페르디난트 2세와 맞서기도 했다.

그렇지 않아도 비텔스바흐 가문은 30년 전쟁의 전 단계와 초기 단계에서 결정적인 역할을 했다. 당시 비텔스바흐 가문의 팔츠 계열은 개신교, 바이에른 계열은 가톨릭으로 각각 반대 종파에 소속되어 있는 상황이었다. 수많은 정치적·종교적 이해관계가 계속해서 충돌한 것이 발단이 되어 1608년에 개신교 쪽 제국의 신분 대표자들이 팔츠 선제후의 지휘 아래 개신교 연맹인 우니온을 결성했고, 그 반작용으로 바로 다음해에 오스트리아와 잘츠부르크를 제외한 가톨릭 쪽 제국의 신분 대표자들이 바이에른 공작의 주도 아래 가

황제 페르디난트 2세(재위 1619~1637). 요한 페터 크라프트 그림, 프랑크푸르트 황제의 홀 소장.

톨릭 동맹인 리가를 결성했다. 이렇게 각기 다른 진영에 속했음에도 불구하고 비텔스바흐 가문의 수장들인 바이에른 공작 막시밀리안 1세와 1610년에 팔츠 선제후로 즉위한 프리드리히 5세는 공통의 이해관계를 고려해 소통의 끈을 놓지 않았다.

## 전쟁의 시작

하지만 1618년에 일어난 프라하 창문 투척 사건으로 보헤미아에서 개신교에 우호적인 신분 대표자들이 합스부르크 가문에 반기를 들면서 비텔스바흐 가문의 내부 분열은 가속화되었다. 막시밀리안 1세는 자신의 친척이기도 한 합스부르크 가문의 편에 선 반면, 1619년에 황제의 자리가 비었을 때만 해도 막시밀리안 1세를 후보자로 내세웠던 프리드리히 5세는 보헤미아의 반란 세력을 지원하고 나선 것이다. 결국 1619년 8월, 단 며칠 사이에 내려진 일련의 운명적인 결정들로 둘 사이의 적대적 긴장 관계는 급물살을 타게 되었다. 우선 1619년 8월 27일에 보헤미아의 신분 대표자들이 페르디난트 2세의 폐위를 선언하고 개신교 신자이자 우니온의 맹주인 팔츠 선제후 프리드리히 5세에게 보헤미아 왕위를 제안했다. 하지만 페르디난트 2세는 이러한 굴욕을 당한 지 하루 만에 프랑크푸르트에서 새로운 로마·독일 왕으로 선출되었다. 새롭게 권좌에 오른 페르디난트 2세는 보헤미아에서 자신이 겪었던 수모는 물론이고 개신교 신자들이 합스부르크 가문의 세습영지에서 득세하는

프라하 창문 투척 사건. 마테우스 메리안이 발간한 역사 학술지 《유럽의 연극(Theatrum Europaeum)》의 일부.

것을 눈감아줄 생각이 전혀 없었다. 한편 보헤미아 개신교 세력에게 연대감을 느꼈던 프리드리히 5세는 힘의 차이를 완전히 잘못 계산한 채 보헤미아의 제안에 따라 왕관을 받아들이는 쪽으로 마음을 굳혔다. 이러한 프리드리히 5세의 선택으로 원래 보헤미아로 국한되었던 국지적 분쟁이 국제적 규모로 확대되기에 이르렀고, 곧 독일의 제후들뿐 아니라 유럽의 군주들까지 거대한 전쟁의 소용돌이에 빨려 들어가기 시작했다. 그렇게 보헤미아 왕이 된 프리드리히 5세는 프라하에서 1년 조금 넘게 버텼는데, 짧은 재위 기간 때문에 '겨울왕der Winterkönig'이라는 경

1620년에 벌어진 빌라호라 전투. 피터 스나이더 그림, 바이에른 국립회화컬렉션 소장.

멸 어린 별명을 얻게 되었다.

1620년 11월 8일, 프라하 근처의 빌라호라에서 마침내 결정적인 전투가 벌어졌다. 이곳에서 리가의 맹주로서 황제와 동맹을 맺은 바이에른 공작 막시밀리안 1세가 프리드리히 5세의 군대를 격파했다. 하지만 리가 군대를 지휘한 요한 폰 틸리(1559~1632)는 여기서 멈추지 않고 프리드리히 5세의 본토인 팔츠선제후국까지 점령해버렸다. 이렇게 되자 전쟁의 불길은 제국의 서부로 번졌고, 본거지를 빼앗긴 프리드리히 5세는 외국으로 몸을 피할 수밖에 없었다. 이때 페르디난트 2세가 나서서 결정타를 가했다. 프리드리히 5세에게 제국 추방령을 내린 후 중세부터 내려온 팔츠 가문의 선제후 자리를 프리드리히 5세에게서 박탈해

1623년에 막시밀리안 1세에게 넘긴 것이다. 결과적으로 바이에른공국은 선제후국으로 격상된 반면, 라인 궁정백은 선제후단에서 당분간 빠지게 되었다. 이렇게 프리드리히 5세에게 보복을 가한 황제는 보헤미아로 눈길을 돌려 반란의 주동자들을 엄중하게 처벌했다. 그는 보헤미아 귀족이 소유한 토지 가운데 절반가량을 몰수한 후 그 땅의 대부분을 외국 가문에게 분배했다. 또한 종교적으로는 반종교개혁을 가차 없이 밀어붙였는데, 그 결과 약 15만 명에 달하는 개신교 신자가 보헤미아를 떠났다. 1627년, 페르디난트 2세는 급기야 전제주의 체제를 구축하는 방향으로 보헤미아에 새로운 헌법을 제정함으로써 신분제 의회의 권한을 제한하고 왕권을 대폭 강화하는 한편, 합스부르크 가문의 왕위 세습권을 확립하고 보헤미아의 통치 기능을 전부 빈으로 이관했다.

**권력의 정점에 선 페르디난트 2세**

이제 프리드리히 5세가 빠진 자리를 대신해서 덴마크 국왕 크리스티안 4세가 개신교 진영을 새롭게 이끌게 되었다. 이때 덴마크는 프랑스와 영국, 스웨덴 등으로부터 지원금을 받고 전쟁에 뛰어들었는데, 이로써 30년 전쟁은 두 번째 단계인 '니더작센-덴마크 전쟁'에 들어섰다. 페르디난트 2세는 덴마크의 공격에 맞서 30년 전쟁의 역사에 길이 남을 장군 알브레히트 폰 발렌슈타인(1583~1634)을 기용해 드디어 자신만의 총지휘관을 거느리게 되었다.* 보헤미아의 하급 귀족 출신으로 출세가

도를 달린 발렌슈타인은 가톨릭으로 개종한 인물이었다. 그는 전투력을 갖춘 대규모의 용병대를 조직하고 운영하는 데 천재적인 능력이 있었고, 이러한 재능을 바탕으로 자신이 동원한 대병력을 황제에게 제공했다. 발렌슈타인의 등장과 함께 전쟁의 무대는 독일 북부로 이동했고, 틸리가 지휘한 리가의 군대와 힘을 합친 발렌슈타인의 용병대는 독일 북부에서 군사적 승리를 연이어 거뒀다.

결국 1629년 5월에 뤼베크 평화조약이 체결됨에 따라 두 군주의 명암이 엇갈렸다. 크리스티안 4세는 전쟁에서 완전히 손을 떼야만 했고, 반대로 페르디난트 2세는 권력의 정점에 도달한 것이다. 이에 앞서 페르디난트 2세는 승리의 여세를 몰아 선제후들과 상의 없이 1629년 3월 6일에 '복구칙령Restitutionsedikt'을 발표했다. 원래 가톨릭 소유의 재산이었으나 파사우 조약이 체결된 1552년 이후로 개신교 측에 넘어간 땅을 다시 가톨릭 측에 반환하라고 명한 것이다. 페르디난트 2세는 제국법적으로 논란의 소지가 많았던 복구칙령을 통해 특히 마그데부르크와 브레멘 등 대주교령 두 곳, 페어덴과 할버슈타트 등 주교령 두 곳을 포함해서 500여 개의 대수도원과 수도원을 겨냥했다. 따라서 복구칙령이 집행된다면 권력의 추가 가톨릭 쪽으로 크게 기울 수 있는 상황이었다. 이외에도 페르디난트 2세와 발렌슈타인은 독일 북부의 반종교개혁에

---

\* 틸리는 리가의 총지휘관이었기 때문에 발렌슈타인이 등장하기 전까지 황제군은 상대적으로 덜 두드러졌다.

힘을 보태기 위해 네덜란드와 스웨덴을 상대로 해전을 계획했다.

이렇듯 황제가 막강한 권력을 휘두른 것의 이면에는 일차적으로 종교적 이유가 있었지만, 제국에 전제주의 성격의 헌법을 강제적으로 도입하려는 정치적 동기도 짙게 깔려 있었다. 페르디난트 2세의 생각대로 일이 풀렸다면 제국의 신분 대표자들에게 보장되었던 자유는 전반적으로 축소되었을 것이다. 하지만 이러한 페르디난트 2세의 움직임은 제국의 신분 대표자들에게 큰 반감을 사기 시작했고, 심지어 황제의 충실한 협력자였던 막시밀리안 1세마저 1630년에 개최된 제국의회에서 황제의 반대편에 섰다. 이때 제후들은 황제를 강하게 압박하며 황제의 가장 든든한 버팀목이었던 발렌슈타인을 해임할 것을 요구했다. 안 그래도 자금 문제 때문에 발렌슈타인을 계속 고용하기 힘들었던 황제는 그를 마침내 해임하기에 이르렀고, 이로써 황제는 다시 리가 군대에 의존할 수밖에 없는 처지가 되었다.

## 스웨덴 참전으로 국제전으로 치닫다

한편 독일 북부에서 전개된 군사 활동으로 스웨덴 국왕 구스타프 2세 아돌프가 크게 위협을 느꼈다. 이에 따라 반격에 나서기로 한 구스타프 2세 아돌프는 1630년에 2만 명의 병력을 이끌고 포어포메른에 상륙했다. 이때 프랑스는 우선 군자금을 제공하는 방식으로 스웨덴을 지원했다. 이렇게 전쟁의 세 번째 단계인 스웨덴 전쟁(1630~1635)이 시작되었다. 리가 군대를 이끈 틸리는 독일 남부로 질주하는 구스타프 아돌프와 개신교 세력을 막으려 했으나 헛수고였다. 결국 1632년, 틸리와 구스타프 아돌프 모두 전쟁의 도가니 속에서 사망하고 말았다.* 반면 페르디난트 2세는 자신의 세습영지가 위험에 처하자 발렌슈타인을 다시 고용할 수밖에 없었다. 이렇게 복귀한 발렌슈타인은 군사적 난국을 타개하는 데 곧바로 성공했지만, 그 역시 스웨덴을 완전히 굴복시키진 못했다. 이에 따라 발렌슈타인은 전쟁의 확산을 막는 동시에 자신의 정치적 잇속을 챙기기 위해 독단적으로 평화 협상을 시작했다. 하지만 발렌슈타인은 이러한 과감한 행보 탓에 황실로부터 반역자로 몰리게 되었고 1634년 2월 25일에 처참하게 암살당하고 말았다. 페르디난트 2세가 이 암살 사건에 직접적으로 연루되었는지는 현재까지도 논란이 되고 있다. 어쨌든 발렌슈타인이 죽은 후 에스파냐군과 바이에른군, 황제군이 연합해 뇌르틀링겐 전투에서 개신교 세력을 상대로 승리를 거뒀다.

뇌르틀링겐 전투의 여파로 황제와 작센 선제후는 1635년에 프라하에서 평화조약을 체결했고, 거의 모든 제국의 신분 대표자들이 프라하 평화조약을 받아들이기로 결정했다. 프라하 평화조약에서 가장 중요한 내용은 1627년을 기준 연도로 해서 개신교와 가톨릭의 재산을 40년 동안 그대로 유지하기로 한 것이다. 이로써 페르디난트 2세는 6년 전

---

* 틸리는 레흐강 인근의 전투에서 부상을 입어 1632년 4월 30일에 사망했고, 구스타프 아돌프는 1632년 11월 6일에 벌어진 뤼첸 전투에서 전사했다.

〈전쟁의 참화〉, 자크 칼로, 1632년, 동판화.

에 공포한 복구칙령의 집행을 포기한 것과 마찬가지였다. 게다가 제국
대법원의 판사들을 양 종파에서 동등한 수로 임명하기로 합의했다. 하
지만 칼뱅파는 이번에도 공식 종파로 받아들여지지 않았다. 이렇듯 프
라하 평화조약에는 종파 사이의 화해를 도모하는 조항이 많았으나 정
치권력 및 영토 측면에서도 중요한 내용들이 포함되어 있었다. 한 예로
선제후 회의를 제외한 모든 동맹체를 해체하기로 한 것을 들 수 있다.
그 결과 개신교의 우니온과 가톨릭의 리가가 해체되었고, 스웨덴을 무
찌르기 위해 황제의 지휘 아래 두 종파가 병력을 합치기로 했다. 따라
서 프라하 평화조약은 제국의 내부 결속을 강화하고 제국이 외부 세력
과 맞서 힘을 뭉치는 데 기여했다는 점에서 하나의 분수령이 되었다고
볼 수 있다.

　하지만 이때 프랑스가 합스부르크 가문의 권력을 약화시키기 위해
스웨덴과 손을 잡고 군사 개입을 본격화했다. 이로써 30년 전쟁의 마지

막이자 가장 참혹한 단계인 '프랑스-스웨덴 전쟁'의 막이 올랐다. 페르디난트 2세는 이 시기를 더이상 경험하지 못했다. 후계자 문제를 해결해야만 했던 페르디난트 2세는 1636년 말에 자신의 아들을 로마·독일 왕 '페르디난트 3세'로 선출시키는 데 성공했으나, 그로부터 몇 주 후인 1637년 2월 15일에 세상을 떠났기 때문이다. 이로써 합스부르크 가문 쪽에서 반종교개혁을 행동의 중요한 원동력으로 삼았던 인물이 역사의 무대에서 퇴장했다.

황제 페르디난트 3세(재위 1637~1657).
에드바르트 야코프 폰 슈타인레 그림,
프랑크푸르트 황제의 홀 소장.

반면 그의 아들인 페르디난트 3세는 예수회로부터 교육을 받았음에도 불구하고 종교적 성향이 훨씬 온건한 인물이었다. 발렌슈타인 해임에 적극적으로 끼어들었던 페르디난트 3세는 군사학에 조예가 깊어 발렌슈타인을 대신해 황제군의 총지휘관 자리에 올랐다. 페르디난트 3세가 권력을 잡았을 때 30년 전쟁은 마침내 국제 전쟁으로 변모해 있었다. 리슐리외(1585~1642) 추기경의 지휘 아래 있던 프랑스군은 스웨덴군과 연합해 독일에서 전쟁을 벌였을 뿐 아니라 에스파냐와도 한바탕 전투를 치렀다. 페르디난트 3세는 군사력이 우세한 상대와 맞서 승리와 패배 사이를 오가며 한동안 버텼지만, 전쟁 막바지에 접어들자 끝내 수세에 몰리고 말았다. 1644년, 페르디난트 3세는 개신교 도시인 오스나브뤼크에서 스웨덴과, 가톨릭 도시인 뮌스터에서 프랑스와 각각 평화 협상을 시작했다. 하지만 협상은 지지부진했고, 그 와중에 전쟁은 점점 더 파괴적인 양상으로 전개되어 독일에 막대한 피해를 입혔는데, 그 수준은 이전 26년 동안 입은 피해를 전부 합친 것보다도 심각했다. 한편 스웨덴군은 협상 중에도 바이에른과 오스트리아 쪽을 계속 공격했으나, 페르디난트 3세는 가까스로 이를 막아냈다.

## 베스트팔렌 평화조약 체결

1648년에 베스트팔렌 평화조약이 드디어 체결됨에 따라 독일과 유럽의 역사는 일대 전환점을 맞이했다. 이때 황제는 제국 외부적으로는 프랑스 및 스웨덴과, 제국 내부적으로는 제국의 신분 대표자들과 각각 조약을 체결했다. 이 복잡한 평화조약은 영토와 종파, 헌법에 이르기까지 다양한 문제와 관련된 수많은 조항들로 구성되었다. 우선 영토 문제와 관련해서 보면 스웨덴은 포메른과 브레멘시를 제외한 브레멘 대주교령Erzstift Bremen 등을 획득함으로써 제국의 신분 대표자 반열에 올라섰다. 프랑스는 알자스의 일부와 로렌의 일부, 브라이자흐, 필립스부르

1648년 뮌스터에서 이루어진 베스트팔렌 평화조약 체결 장면. 헤라르트 테르 보르흐 그림, 암스테르담 국립미술관 소장.

크 등을 획득함으로써 라인강 우측에 발판을 마련했으나 제국의 신분 대표자 지위는 얻지 못했다. 네덜란드 북부와 합스부르크 가문의 역사 적 발원지였던 스위스는 독립을 정식으로 인정받았고, 이때를 시작으 로 제국에서 완전히 분리되었다.

　종교 문제와 관련해서 보면 베스트팔렌 평화조약은 1555년에 체결 된 아우크스부르크 종교화의의 내용을 전반적으로 재확인하고 구체화 했으며, 몇 가지 중요한 조항을 대대적으로 수정했다. 우선 1624년을 기준 연도로 해서 교회의 재산과 종파 분포도를 그때의 상태로 되돌리기로 합의했다. 무엇보다 신민들은 더이상 통치자가 선택한 종파를 따를 필요가 없어졌으며, 칼뱅파도 역사상 처음 제국법적으로 인정을 받게 되었다. 또한 제국의 고등법원은 각 종파에서 판사의 수를 동등하게 채우기로 결정했다.

헌법과 관련해서도 중대한 변경사항들이 생겼다. 바이에른 공작은 1623년에 확보한 선제후 지위를 공식적으로 인정받았으며, 팔츠 선제후를 위해서 선제후 자리 하나가 추가적으로 만들어져 선제후가 여덟 명이 된 것이다. 특히 제국의 신분 대표자들의 지위가 현격히 상승했다. 그들은 세속적·종교적 사항과 관련해서 완전한 주권을 인정받았고, 황제 및 제국과 맞서지 않는 범위 내에서 그들끼리는 물론이고 외국과도 동맹을 체결할 권리를 갖게 되었다. 이로써 각 영방은 자율성이 상당 부분 보장된 동시에 내부적으로 절대권력을 지닌 제후국가로 발전할 기회를 얻게 되었고, 이 중 몇몇은 훗날 유럽의 중견 국가를 너머 강대국으로 부상했다. 결과적으로 힘이 막강한 신분 대표자들은 황제와 제국이 해온 접착제 역할이 비교적 줄어들어 결속력이 느슨해진 반면, 힘이 약한 신분 대표자들은 황제와 제국이 해온 방패막이의 역할이 훨씬 중요해졌다고 볼 수 있다.

이렇게 베스트팔렌 평화조약이 체결됨으로써 제국은 안정을 되찾았으나, 합스부르크 가문의 편에서 보면 전쟁이 완전히 끝난 것은 아니었다. 에스파냐 국왕 펠리페 4세가 프랑스와 전쟁을 몇 년 더 계속했기 때문이다. 1659년에 피레네 조약이 체결되고 펠리페 4세의 딸 마리아 테레사와 루이 14세의 결혼이 성사되고 나서야 프랑스와의 전쟁은 일단락되었다. 하지만 피레네 조약에서 합의한 내용은 깨지기 쉬운 것으로 드러났기 때문에 양국 간의 긴장 관계는 끝나지 않았고, 군사 충돌이 언제든 재개될 수 있는 위험한 상황이 이어졌다.

하지만 초토화된 제국 내에서만큼은 전쟁이 완전히 종결되었다. 트라우트만스도르프 백작과 그의 뒤를 이은 아우에르스페르크의 제후 바이크하르트에게 정사를 대부분 맡긴 페르디난트 3세가 황제의 권력을 상당 부분 포기한 대가로 제국은 평화를 되찾을 수 있었던 것이다. 그렇지 않아도 페르디난트 3세는 전쟁을 직접 지휘한 군주였을 뿐 아니라 철학과 수학, 자연과학 및 음악에도 관심이 많은 인물이었다. 따라서 살육과 방화를 일삼던 시대가 지나간 후 합스부르크 가문에서 오랫동안 자취를 감췄던 교양인의 면모가 페르디난트 3세와 함께 되살아난 것은 놀랄 일이 아니다. 그리고 이러한 페르디난트 3세의 기질은 그의 아들이자 오랜 기간 통치한 레오폴트 1세와 그의 자녀들에게까지 전해져 찬란한 빛을 발하기에 이르렀다.

# 9장

•

# 다모클레스의 검* 아래 놓인
# 합스부르크 가문

### 1700년과 1740년, 남성 후사의 단절

베스트팔렌 조약이 체결된 1648년부터 마리아 테레지아가 즉위한 1740년까지 약 100년 동안 유럽의 정치 및 권력 구도는 새롭게 재편되었다. 에스파냐가 유럽 대륙을 제패하겠다는 야심에서 헤어나오지 못하는 사이에, 합스부르크 가문의 오스트리아 및 헝가리가 영국과 프랑스에 이어 세 번째 강대국으로 떠올라 그 위치를 확고히 다졌다. 프로이센과 러시아도 유럽의 새로운 강자로 부상했는데, 프로이센이 먼저 강대국의 반열에 들어선 다음 18세기 초에 러시아가 그뒤를 이었다. 하지만 합스부르크 가문의 오스트리아 계열은 두 가지 결정적인 문제에 직면했던 탓에 이 시기에 오로지 도약만 했던 것은 아니었다. 첫 번째

---

* 권좌에 있는 사람의 긴장과 불안을 상징하는 서양 관용어.

문제는 독일 지역이 계속해서 양면 전쟁에 휘말렸다는 점이다. 서쪽에서는 루이 14세 치하의 프랑스와 지속적으로 충돌했고, 동쪽에서는 오스만튀르크의 침공에 맞서야 했는데, 오스만의 기세는 차츰 꺾이기 시작했다. 두 번째 문제는 에스파냐 계열의 혈통이 단절된 지 한 세대도 지나지 않아 오스트리아 계열의 혈통도 단절되기 직전에 이르렀다는 점이다. 에스파냐에서는 1700년에, 오스트리아에서는 1740년에 합스부르크 가문의 남성 후사가 끊긴 것이다. 이러한 상황에서 합스부르크 가문의 정적들은 전통적으로 지켜왔던 계승 원칙, 즉 남자 상속 원칙을 엄격히 고수할 것을 요구했는데, 만약 이 원칙이 이때도 적용됐더라면 합스부르크 가문은 역사의 뒤안길로 사라졌을 것이다. 한때 막강한 위세를 떨쳤던 룩셈부르크 가문이 1437년에 소멸했던 것처럼 말이다.

## 오스만튀르크와 프랑스 사이에서 맹활약한 황제 레오폴트 1세

1658년부터 1705년까지 거의 50년 동안이나 황제로 통치한 레오폴트 1세는 30년 전쟁 중에 태어났다. 그의 형이 1653년에 로마·독일 왕 '페르디난트 4세'로 선출된 결과 페르디난트 4세가 페르디난트 3세를 이을 차기 황제로 정해졌다. 반면 레오폴트 1세는 성직에 몸담을 계획이었다. 이에 따라 레오폴트 1세는 성직자가 되기 위한 교육을 받아 온화하고 평화를 사랑하는 동시에 지적이면서도 음악적 재능이 비범한 인물로 성장했다. 레오폴트 1세가 이러한 사람이 된 데에는 물론 아버지의 영향도 한몫했을 것이다. 하지만 1654년, 페르디난트 4세가 왕으로 선출된 지 얼마 후 아버지보다 먼저 사망하자 합스부르크 가문의 후계자 문제가 다시 불거졌고 레오폴트 1세가 후보로 고려되는 상황이 닥쳤다. 결국 레오폴트 1세는 1655년에 헝가리 국왕으로 즉위한 데 이어, 1656년에 보헤미아 왕위에 올랐다. 그러나 로마·독일 왕으로는 아버지가 사망한 1657년 이후에야 등극할 수 있었다. 특히 프랑스의 방해 공작이 심했던 당시 선거에서 레오폴트 1세는 선제후들의 표를 얻는 정치적 대가로 굴욕적인 선거공약(국왕 후보자가 투표권자인 선제후들의 요구 사항을 계약 형태로 보장한 것)을 내걸어야 했다. 프랑스와 전쟁 중인 에스파냐 친척들을 지원하지 않기로 한 것은 물론이고 제국 제후들의 헌법적 지위를 강화해주기로 약속해야만 했던 것이다. 이때 라인강 지방의 주요 제후들과 선제후들은 여기서 한 발 더 나아가 선거공약을 확실히 보장받기 위해 라인 동맹Rheinbund을 결성했다. 이 라인 동맹(1806년에 결성된 라인 동맹의 전신이다. 약 150년 후에 만들어진 라인 동맹은 신성로마제국의 멸망에 결정적으로 일조했다)에는 브레멘 공작과 페어덴 공작을 겸했던 스웨덴 국왕뿐 아니라 영향력이 컸던 바이에른 공작과 독일의 다른 군소 영방국가들이 가입했고, 나중에는 프랑스까지 가세했다. 이에 따라 레오폴트 1세는 치세 초기부터 막강한 세력을 형성한 영방 제후들과 대치해야만 하는 어려운 상황에 처했다. 그러나 라인 동맹은 10년 동안 지속되다가 동맹 사이의 이해관계가 충돌하면서 해체되었고, 이로써 레오폴트 1세는 새로운 동맹을 맺을 기회를 얻었다.

레오폴트 1세의 치세 내내 그를 괴롭힌 가장 큰 골칫거리는 루이 14세와의 대립이었다. 루이 14세는 1643년부터 1715년까지 무려 70년이 넘도록 프랑스 왕으로 군림했기 때문에 레오폴트 1세보다도 재위 기간이 길었다. 루이 14세는 안 그래도 30년 전쟁으로 국력이 쇠잔할 대로 쇠잔해진 제국과 합스부르크 가문의 에스파냐 계열 영토를 노려 체계적인 패권 정책을 펼친 끝에 많은 영토를 획득하고 상당한 정치적 이득을 챙길 수 있었다. 그의 대외 팽창 노력이 1660년대와 1670년대에는 제국의 손발을 능수능란하게 묶어둔 상태에서 에스파냐령 네덜란드와 네덜란드 북부를 겨냥했다면, 1670년대 이후 그의 군사 활동은 프랑스의 동쪽 국경선을 라인강까지 확대하는 것을 목표로 오랜 기간 계속되었다. 결국 루이 14세는 로렌을 침공해 제국 서부에서 전쟁을 일으켰지만 성과는 뚜렷하지 않았고, 전쟁은 1679년 네이메헌 평화조약을 통해 우선 일단락되었다. 하

황제 레오폴트 1세(재위 1658~1705). 레오폴트 쿠펠비저 그림, 프랑크푸르트 황제의 홀 소장.

지만 그는 곧이어 '재결합'이란 명분을 내세워 제국을 상대로 다시 영토 확장을 시도했고, 이때 군사적 수단과 법적 수단을 가리지 않았다. 특히 루이 14세는 자신이 눈독을 들이고 있던 제국 서부의 도시와 군소 지역 중 대부분이 베스트팔렌 평화조약을 통해 이미 프랑스의 소유로 넘어왔다고 주장했다. 이렇게 해서 1681년에 제국도시 스트라스부르까지 프랑스의 수중에 떨어지고 말았다.

하지만 이 단계에 접어들었을 때 레오폴트 1세는 제국 동부에서도 위협을 받기 시작했다. 레오폴트 1세는 헝가리의 신분 대표자들이 정치적·종교적 이유로 일으킨 반대 움직임을 이미 한 차례 제압한 상태였는데, 헝가리의 신분 대표자들은 1662년과 1664년 사이에 오스만튀르크와의 군사 충돌로 헝가리에서 황제의 위치가 불안해진 기회를 노리고 다시 한번 합스부르크 가문에 반기를 들었다. 그 여파로 1683년에 오스만제국이 오스트리아의 수도 빈을 포위하는 사태가 벌어지자 레오폴트 1세는 프랑스와의 분쟁에 더해 동쪽에서도 결정타를 맞아 커다란 위기에 처했다. 그렇지만 로렌 공작 샤를과 폴란드 국왕 얀 3세 소비에스키의 도움으로 빈의 포위망은 뚫렸고, 이를 통해 제국 동부는 역사적인 분기점을 맞이하게 되었다. 사부아 공자 외젠,[*] '튀르크인 루이'〔오스만튀르크를 상대로 수많은 전투에서 승리를 거둬 생긴 별명〕로 알려진 바

---

[*] 프랑스에서 태어나고 성장했으나 일생 대부분을 오스트리아에서 활약했기 때문에 독일식으로 사보이엔의 오이겐(Eugen von Savoyen)으로 표기하기도 한다.

덴 변경백 루트비히 빌헬름 등 수많은 인물의 군사적 활약 덕분에 오스만튀르크는 이후 수십 년 동안 발칸반도로 밀려나게 되었고, 이때를 기점으로 더이상 유럽과 특히 합스부르크 가문에 심각한 위협이 되지 못했다. 물론 오스만튀르크가 발칸반도에서 완전히 물러난 것은 1차 세계대전 때의 일이다. 한편 현지 유력자들의 반대 움직임이 예전처럼 계속되었음에도 불구하고 레오폴트 1세는 이른바 도나우슈바벤 Donauschwaben(독일어를 사용했던 동유럽 체류자, 특히 도나우강 주변에 살았던 사람들을 지칭한다)을 헝가리에 정착시키는 등 여러 가지 방안을 통해 헝가리에서 자신의 위치를 공고히 다지는 동시에 도나우 군주국의 기틀을 확립하는 데 성공했다.

이로써 레오폴트 1세는 제국 동부에 쏟았던 힘을 프랑스 쪽으로 차츰 돌릴 수 있게 되었는데, 시기가 절묘하게 맞아떨어졌다. 레오폴트 1세가 한창 오스만튀르크와의 전쟁에 정신이 팔려 있는 와중인 1685년에 비텔스바흐 가문의 팔츠-지메른 계열의 혈통이 단절되었다. 바로 이때를 틈타 루이 14세가 자신의 동생 오를레앙 공작 필리프와 팔츠의 리젤로테Liselotte(엘리자베트 샤를로테의 별명)가 결혼한 것을 근거로 팔츠 선제후국 계승권을 주장하고 나섰다. 루이 14세는 이러한 논리 위에 1688년에 기어코 팔츠 계승 전쟁을 일으키고야 말았다. 이는 오스만튀르크의 위협에서 다시 자유로워진 레오폴트 1세가 힘을 회복해 프랑스에 반격하기 전에 선수를 친 것이기도 했다. 특히 팔츠 계승 전쟁 도중 팔츠선제후국 영토의 대부분이 프랑스군에 의해 쑥대밭이 되었는데, 이때 벌

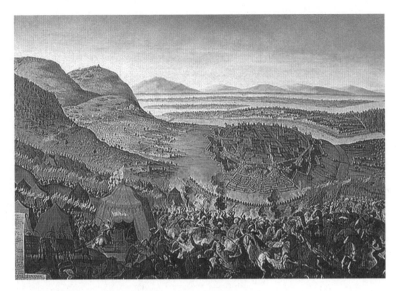

1683년에 벌어진 빈 포위전. 프란스 헤펠스 그림, 빈 역사박물관 소장.

어진 참상은 하이델베르크 성에 남아 있는 폐허를 통해 엿볼 수 있다. 1697년, 팔츠 계승 전쟁을 종식시킨 레이스베이크 평화조약의 결과 루이 14세는 비록 자신이 주장한 영토의 대부분을 반환해야 했지만, 스트라스부르를 포함한 알자스 지역만은 건질 수 있었다.

## 에스파냐 계승에 드리운 먹구름

하지만 레이스베이크 평화조약이 체결될 시점에 이미 레오폴트 1세와 루이 14세가 다시 한번 충돌할 것이 자명했기 때문에, 평화가 지속될 가능성은 처음부터 희박했다. 이번에 화근이 된 것은 에스파냐 계승 문제였는데, 이는 팔츠 계승 문제와 차원이 달랐다. 당시 유럽의 국가들은 에스파냐 왕가의 혈통이 곧 사라질 것으로 예상했다. 1665년에 펠리페 4세가 사망한 후 그의 아들인 카를로스 2세가 왕좌에 오르면서 불길한 조짐은 시작되었다. 몸이 매우 허약했던 카를로스 2세가 왕가를 제대로 이어갈 수 있을지 의문이었기 때문이다. 이런 상황에서 합스부르크 가문의 오스트리아 계열과 프랑스의 부르봉 왕조는 카를로스 2세와 그의 영토인 에스파냐를 서로 차지하기 위해 일찍부터 치열한 경쟁을 벌였는데, 처음에는 양쪽 모두 외교술과 혼인 정책을 주로 동원했다. 문제는 오스트리아 계열만이 합스부르크 가문의 에스파냐 계열과 혼인 동맹을 추진한 것이 아니라는 데 있었다. 합스부르크 가문의 오스트리아 계열이 16세기 중반 이후 에스파냐 계열의 사촌들과 긴밀한 혼인 동맹을 맺었다면, 프랑스는 루이 14세의 어머니〔에스파냐 왕 펠리페 3세의 딸인 아나 마리아 마우리시아〕와 그의 첫 번째 부인〔에스파냐 왕 펠리페 4세의 딸인 마리아 테레사〕이 모두 에스파냐 계열 출신이었다. 따라서 에스파냐 왕위 계승 문제를 두고 벌어진 오스트리아와 프랑스 사이의 분쟁을 외교적 수단이나 법적 수단을 통해 해결하기란 거의 불가능에 가까웠다.

다른 한편으로 레오폴트 1세는 합스부르크 가문의 오스트리아 세습 영지와 제국 내에서도 후계자 문제를 해결하느라 애를 먹었다. 레오폴트 1세는 어렸을 때만 해도 이복형제와 방계친족을 포함해서 형제들이 여럿 있었지만, 1664년에 이르자 그중에 살아 있는 사람이 한 명도 없었다. 따라서 카를로스 2세의 무능을 고려했을 때, 오스트리아 계열과 에스파냐 계열을 통틀어 합스부르크 가문을 이끌 만한 정치적 능력을 지닌 유일한 남성은 레오폴트 1세뿐이었고, 이러한 위태로운 상황은 수십 년 동안이나 계속되었다. 다른 선조들과 마찬가지

에스파냐 왕 카를로스 2세. 후안 카레뇨 데 미란다 그림, 1685년경, 빈 미술사박물관 소장.

로 레오폴트 1세 역시 에스파냐 계열에서 배우자를 맞이했다. 그는 바로 병약한 카를로스 2세의 누나 마르가리타 테레사와 결혼했는데, 마르가리타 테레사는 레오폴트 1세의 외사촌인 동시에 조카였다.* 이 둘 사이에 아이가 네 명 태어났지만, 후계자가 될 아들은 한 명도 살아남지 못했고 마르가리타 테레사도 젊은 나이에 사망했다. 레오폴트 1세의 두 번째 부인 클라우디아 펠리치타스는 남성 후사가 끊긴 합스부르크 가문의 티롤 계열 출신이었는데, 이 둘 사이에 태어난 자녀들 역

* 마르가리타 테레사의 아버지가 레오폴트 1세의 외삼촌인 펠리페 4세이고, 어머니가 레오폴트 1세의 누나인 마리아 안나였기 때문이다. 마르가리타 테레사는 아버지 쪽으로는 레오폴트 1세의 외사촌, 어머니 쪽으로는 레오폴트 1세의 조카가 되는 것이다.

시 출생 직후 사망했고 부인마저 요절하고 말았다. 이렇게 해서 레오폴트 1세는 세 번째 부인 엘레오노레 마그달레네를 맞이하게 되었다. 그는 이 결혼을 통해 자녀들을 많이 얻었으나, 이번에도 여러 자녀가 일찍 사망했다. 레오폴트 1세는 세 번의 결혼으로 자녀를 총 16명 얻었으나, 그 가운데 무려 11명이 자신보다 먼저 세상을 떠났다. 여러 명의 손자와 두 명의 아내, 에스파냐 왕좌에 있던 사촌을 비롯해 다른 친인척들의 죽음까지 합치면 레오폴트 1세가 지켜봐야 했던 죽음은 그야말로 끝이 없었다.

그나마 다행히도 세 번째 부인에게서 얻은 아들 둘이 살아남았다. 바로 요제프와 카를(훗날의 황제 카를 6세)인데, 두 아들은 오스트리아와 에스파냐의 후계자 문제를 둘러싼 프랑스와의 대립 관계에서 든든한 버팀목이 되어주었다. 1690년에 요제프가 로마·독일 왕 '요제프 1세'로 선출됨으로써 오스트리아 세습영지와 제국에서 레오폴트 1세를 이을 후계자가 마침내 정해졌다. 카를은 우선 예비 후보로 남게 되었다.

한편 카를로스 2세의 말년은 오스트리아와 프랑스의 정면 대결로 점철되었다. 이때만 해도 양쪽은 외교적 수단과 혼인 정책을 통해 온갖 영향력을 행사함으로써 경쟁에서 이기려 했다. 카를로스 2세는 부르봉 왕가 출신의 첫 번째 부인(오를레앙 공작 필리프의 장녀인 마리 루이즈)이 사망한 후 비텔스바흐 가문의 팔츠 계열에서 두 번째 부인(팔츠 선제후 필리프 빌헬름의 딸인 마리아 안나)을 맞았으나, 두 번째 결혼을 통해서도 대를 이을 후손을 남기지 못했다. 그 결과 타협안으로 비텔스바흐 가문의 바이에른 계열 출신이자 레오폴트 1세의 손자*가 에스파냐의 왕위 계승 후보자로 떠올랐다. 하지만 1699년에 레오폴트 1세의 손자가 갑작스럽게 사망하면서 합스부르크 가문은 레오폴트 1세의 차남이자 요제프 1세의 동생인 카를 대공을 후보자로 내세웠다. 이에 맞서 루이 14세는 자신의 손자이자 카를로스 2세의 조카손자〔루이 14세의 아내이자 카를로스 2세의 이복누나인 마리아 테레사의 손자〕인 앙주 공작 필리프를 후보로 밀어붙였다.

　에스파냐 왕위 계승과 관련해서 핵심 문제는 언제나 두 가지였다. 첫째, 에스파냐 대제국을 어디까지 나눌 수 있는가, 그리고 어디까지 나누어야 하는가였다. 둘째, 기타 단독 상속 조건을 어떻게 정할 것인가였다. 이것은 유럽의 세력 균형을 단번에 무너뜨릴 수 있을 정도로 중대한 문제였고, 이때 영국은 자국의 국가이성Staatsräson에 따라 대륙의 세력 균형을 지키기 위해 각고의 노력을 기울였다. 이에 따라 카를로스 2세가 서거한 해에 에스파냐 궁정에서 벌어진 오스트리아 진영과 프랑스 진영 사이의 외교전은 극에 달했고, 카를로스 2세는 결국 프랑스 진영의 설득에 넘어가 프랑스에 유리한 내용을 담은 유언장에 서명했다. 1700년 11월 1일에 카를로스 2세가 세상을 떠나면서 에스파냐 계열의 합스부르크 가문 혈통이 역사 속으로 사라지자마자 루이 14세가 앙주

---

* 레오폴트 1세와 첫 번째 부인 사이에 태어난 딸 마리아 안토니아와 바이에른의 막시밀리안 2세 에마누엘 사이에서 태어난 요제프 페르디난트.

공작 필리프를 에스파냐 왕으로 선언했다. 하지만 여기에 반발한 카를 대공이 곧이어 자신을 에스파냐 왕 '카를로스 3세'로 선언했고, 자신의 계승 권리를 지키기 위해 몇 년 후에 에스파냐로 직접 건너갔다.

## 에스파냐 왕위 계승 전쟁 발발

이렇게 합스부르크 가문과 부르봉 가문 사이의 갈등이 고조된 끝에 에스파냐 왕위 계승 전쟁이 발발했다. 이때 오스트리아는 영국을 비롯해 유럽의 다른 중견 국가들과 힘을 합쳐 헤이그 동맹을 결성한 반면, 프랑스는 바이에른과 쾰른선제후국을 같은 편으로 끌어들였다. 이렇게 대립 구도가 형성되면서 전쟁의 불길은 에스파냐를 넘어 독일 남부와 이탈리아, 네덜란드까지 휩쓸었다. 즉 에스파냐 왕위를 둘러싼 분쟁이 유럽 차원의 전쟁으로 확산된 것이다. 헤이그 동맹은 오스트리아 편에 참전했던 사부아 공자 외젠과 영국 장군 말버러의 활약으로 여러 전투에서 대승을 거두고 바이에른을 굴복시키는 데까지 성공했다. 하지만 헤이그 동맹이 제국 서부에서 거둔 우위는 헝가리에서 프랑스의 지원을 등에 업고 일어난 반란으로 빛이 바랬다.

에스파냐 왕위 계승 전쟁이 한창이던 1705년에 레오폴트 1세가 세상을 떠났다. 레오폴트 1세는 비록 주위에서 기대한 군사적 재능을 갖추진 못했으나, 대신 교양이 풍부하고 학문과 예술을 적극적으로 후원한 인물이었다. 그는 또한 뛰어난 음악적 재능의 소유자로서 종교 음악과 세속 음악을 불문하고 수많은 곡을 직접 짓기도 했다. 바로크 특유의 신앙심이 투철했던 레오폴트 1세는 수많은 가족 구성원들의 죽음을 지켜보면서 비관적 세계관을 갖게 되었고, 이 탓에 정사에 임할 때 추진력을 발휘하기보다 신중한 자세를 취하며 주로 사태를 관망했다. 그럼에도 불구하고 47년이라는 레오폴트 1세의 기나긴 통치 기간 동안 오스트리아가 강대국의 반열에 오를 수 있었던 것은 그의 정치적 능력이 뛰어나서라기보다 사부아 공자 외젠 등 실력 있는 부하들이 오스트리아를 뒷받침해준 덕분이었다.

다른 한편, 에스파냐 왕위 계승 전쟁 전후로 독일 내에서 여러 세력이 급부상하기 시작했다. 우선 하노버가 1692년에 아홉 번째 선제후국으로 올라섰고, 이어서 작센의 강건공 아우구스트가 1697년에 폴란드 국왕으로 즉위해 동군연합의 형태로 폴란드와 작센을 통치했다. 또한 브란덴부르크의 선제후 프리드리히 3세[프로이센 초대 국왕 '프리드리히 1세']가 1701년부터 제국의 경계선 밖에 위치한 프로이센공국에서 국왕 칭호를 사용하기 시작했다. 레오폴트 1세는 프리드리히 3세가 에스파냐 왕위 계승 전쟁 때 도움을 제공한 대가로 이를 묵인했지만, 이를 계기로 제국 내 오스트리아와 프로이센의 양강 구도가 굳어지게 되었고, 이 신경전은 19세기에 이르러 프로이센의 승리로 막을 내렸다.

## 황제 요제프 1세

오스트리아와 신성로마제국에서 레오폴트 1세의 후계자가 된 요제프 1세는 성품은 물론이고 성격까지 부왕과 판이하게 다른 인물이었다. 그는 레오폴트 1세보다 훨씬 역동적이었지만, 음악적 재능만큼은 아버지에게 그대로 물려받았다. 어렸을 때부터 강한 자신감과 야심을 드러낸 요제프 1세는 두뇌가 명석하고 결단력이 있었다. 또한 레오폴트 1세가 아들을 일찍부터 정사에 참여시킨 덕분에, 요제프 1세는 통치권을 넘겨받을 것에 대비해 만반의 준비를 할 수 있었다. 레오폴트 1세 생전에 이미 젊은 관료와 외교관들을 비롯해서 요제프 1세의 최측근이었던 사부아 공자 외젠과 같은 군인들까지 요제프 1세 주위에 모여들었다. 이른바 '젊은 세대의 궁정der junge Hof'이 요제프 1세를 중심으로 뭉치기 시작한 것인데, 요제프 1세는 이들의 도움을 기반으로 내부적으로는 과감한 개혁 정책을 추진하고, 외부적으로는 합스부르크 가문의 권력을 강화하려고 시도했다. 한편 에스파냐 왕위 계승 전쟁이 가시화되자 요제프 1세는 주전파의 중심인물로 자리매김했다. 프랑스와 맞선 오스트리아의 군사적 연승 행진은 요제프 1세의 통치 기간에도 계속 이어졌다. 그 결과 프랑스와 손잡은 바이에른이 무릎을 꿇자 요제프 1세는 벨기에로 도망친 바이에른 선제후 막시밀리안 2세 에마누엘과 그의 동생인 쾰른 선제후 요제프 클레멘스 카예탄에게 1706년에 제국 추방령을 내렸다. 또한 오스트리아 군대는 에스파냐령이었던 이탈리아 남부로 진격했는데, 이에 따라 요제프 1세는 교황과 충돌을 피할 수 없게 되었다. 프랑스 편에 섰던 교황은 요제프 1세를 파문하겠다고 위협했으나, 요제프 1세는 여기에 굴하지 않고 이탈리아에서 합스부르크 가문의 이해관계를 끝까지 관철시켰다.

이처럼 거의 모든 전장에서 수세에 몰린 프랑스는 피로도가 점점 높아져 평화 협상에 응할 가능성을 내비쳤다. 이 시점에 합스부르크 가문이 평화 협상의 주도권을 잡으리라는 것은 자명했으나 걱정거리가 아예 없지는 않았다. 우선 헝가리에서 반란이 계속되었다. 요제프 1세는 타협안을 제시하고 무력까지 동원했지만 끝내 반란을 잠재우지 못했다. 스웨덴 왕 칼 12세가 북방 전쟁에 끼어든 것도 문제였다. 마지막으로 제국의 정치 상황이 원활하게 풀리지 않았다. 요제프 1세는 제국의 신분 대표자들과 맞서 황제의 권력을 다시 회복하기 위해 전력을 다했고, 그 노력의 일환으로 제국궁정원의 영향력을 강화하고 위로부터 제국관구와 주교구 내부의

황제 요제프 1세(재위 1705~1711). 레오폴트 쿠펠비저 그림, 프랑크푸르트 황제의 홀 소장.

문제에 개입하려고 했다. 하지만 이러한 요제프 1세의 움직임은 영방 제후들의 강한 불만에 부딪히고 말았다.

마침내 에스파냐 왕위 계승 전쟁의 추가 합스부르크 가문 쪽으로 완전히 기우는 듯싶었으나, 바로 그 순간에 전세가 서서히 역전되기 시작했다. 우선 오스트리아는 군사적 성과를 더이상 올리지 못했다. 다른 한편으로 영국이 유럽이라는 연주회에서 강력한 지휘자로 올라선 상태였는데, 이러한 영국 내의 여론이 프랑스와 평화조약을 체결하는 쪽으로 바뀌었다. 무엇보다 전쟁의 흐름을 극적으로 바꾼 것은 요제프 1세의 예상치 못한 죽음이었다. 1711년에 천연두에 걸려 서른두 살의 나이로 갑작스럽게 서거한 요제프 1세는 딸 두 명 외에 아들을 낳지 못했기 때문에(아들을 한 명 낳았으나 어린 나이에 사망했다), 그의 때 이른 죽음은 기존의 권력 구도를 뿌리째 뒤흔들어놓기에 충분했다. 이제 합스부르크 가문을 대표할 유일한 남자는 요제프 1세의 동생이자 에스파냐에서 앙주 공작 필리프와 맞서 자신의 입지를 다지는 데 실패한 카를밖에 없었다. 상황이 이렇게 되자 오스트리아의 동맹국들조차 카를 5세의 보편 제국이 카를을 통해 재현되는 것을 우려하지 않을 수 없었고 합스부르크 가문과 점차 거리를 두기 시작했다. 청천벽력과도 같았던 요제프 1세의 서거는 결국 이후 역사에 엄청난 파장을 일으키고 말았다.

## 황제 카를 6세: 합스부르크 가문의 마지막 남성

진지하고 신중한 성격의 소유자였던 카를은 음악에 대한 열정과 재능을 자랑했고 예술에 대한 조예 역시 깊은 인물이었다. 따라서 카를은 자신감 넘치고 원기 왕성했던 형과 달리 레오폴트 1세에게서 많은 것을 물려받았다고 볼 수 있다. 그리고 부왕과 마찬가지로 카를도 원래는 성직자의 길을 걷기 위해 예수회의 교육을 받았다. 에스파냐 왕위에 앉힐 인물로 카를이 필요해진 것은 훨씬 나중의 일이었기 때문이다. 1703년 이후 '카를로스 3세'라는 이름으로 이베리아반도에서 활동한 그는 일진일퇴를 거듭하며 프랑스와 프랑스 측의 에스파냐 왕위 후보자를 상대로 전쟁을 벌였고 잠시나마 마드리드를 점령하는 데 성공했다. 카를이 1708년에 벨프 가문 출신의 엘리자베트 크리스티네 폰 브라운슈바이크-볼펜뷔텔을 만나 결혼한 곳도 에스파냐였다. 개신교 집안에서 자란 엘리자베트 크리스티네는 격렬히 저항했지만 정치적 측면에서 이 결혼을 정당화해야 했기 때문에 끝내 가톨릭으로 개종해야만 했다. 이렇게 결혼이 어렵게 성사되었으나 둘 사이에는 몇 년이 지나도 자녀가 생기지 않았다. 형의 사망 소식을 접한 카를이 오스트리아로 돌아가 합스부르크 가문의 영토를 물려받고 황제 '카를 6세'로 선출된 시점에도 임신 소식은 들려오지 않았다. 어쨌든 카를은 형의 갑작스러운 죽음으로 에스파냐를 급하게 떠나야 했지만, 그렇다고 에스파냐 왕위를 포기한 것은 아니었다. 그가 오스트리아로 돌아가기 직전에 엘리자베트 크

황제 카를 6세(재위 1711~1740). 페르디난트 게오르크 발트뮐러 그림, 프랑크푸르트 황제의 홀 소장.

리스티네를 에스파냐의 총독으로 임명한 것도 그런 의도에서 비롯되었다.

1713년, 합스부르크 동맹국들은 카를 6세를 배제한 채 프랑스와 위트레흐트 평화조약을 체결했다. 이에 따라 동맹국들은 프랑스와 에스파냐가 별개의 국가로 남는다는 조건으로, 프랑스 쪽에서 왕위 후보자로 내세운 부르봉 가문의 필리프를 에스파냐 국왕으로 인정하기로 합의했다. 하지만 이베리아반도 밖에 위치한 에스파냐의 광대한 영토는 유럽의 세력 균형을 유지하기 위해 분할되었다. 에스파냐 국왕 '펠리페 5세'로 즉위한 필리프는 에스파냐의 해외 식민지만 가져갔고, 오스트리아는 에스파냐령 네덜란드와 이탈리아 남부, 밀라노를 획득했으며, 영국은 지브롤터를 확보해 지중해의 거점을 마련했다.

## 여성 후손의 계승권을 인정한 1713년의 '국사조칙'

그러나 카를 6세는 우선 위트레흐트 조약을 인정하길 거부하며 에스파냐 왕위를 계속해서 주장했다. 물론 카를 6세가 에스파냐 왕위를 차지할 가능성은 희박했다. 이렇게 에스파냐의 후계자 문제가 참담한 실패로 끝난 것을 몸소 경험한 카를 6세는 위트레흐트 평화조약이 체결된 지 며칠 만인 1713년 4월 19일에 국사조칙Pragmatische Sanktion을 발표했다. 그는 합스부르크 가문의 역사에서 가장 중요한 법령 중 하나인 이 조칙을 통해 무엇보다 가문의 계승 문제를 해결하고자 했다. 국사조칙은 우선 장자 상속 원칙과 영토의 불가분성을 재차 강조한 후, 남자 상속자가 한 명도 없는 경우에 한해 딸의 계승권을 인정했다. 이로써 카를 6세는 1358년의 대특허장에 이미 한 번 명시된 적이 있는 내용을 재확인했다(37쪽 참고).* 사실 국사조칙을 발표할 당시 카를 6세는 결혼생활 5년차에 접어들었으나 여전히 자녀를 얻지 못한 상황이었다. 따라서 그는 일종의 보험으로 딸을 포함시켜서라도 후계자의 범위를 제도적으로 넓히려 했다. 하지만 이때 카를 6세는 문제의 소지가 있는 조항 하나를 국사조칙에 끼워 넣었다. 남자 상속자가 없는 경우 상속 서열상 자신의 딸이 형 요제프 1세의 딸들보다 우위에 있다는 내용을 포함시

---

\* 루돌프 4세가 위조한 대특허장은 합스부르크 영지의 불가분성을 천명함으로써 분할 상속을 금했다.

킨 것인데, 이것은 전통적으로 내려온 손위 혈육의 계승권을 무시한 처사였다.

국사조칙이 발표되고 1년이 지난 1714년, 에스파냐 왕위 계승 전쟁은 합스부르크 가문과 부르봉 가문 사이에 라슈타트 조약이 체결됨으로써 대단원의 막을 내렸다. 라슈타트 조약은 전년도에 체결된 위트레흐트 조약의 내용 대부분을 재확인했다.

다른 한편으로 카를 6세는 경제 분야에서 중상주의 원칙에 따라 자신의 영지를 개혁하려고 노력했다. 이에 따라 공장을 세우는 한편 도로를 보수했고, 국내 관세를 철폐한 데 이어 우편사업을 확대했다. 또한 트리에스테와 리예카의 항구를 대대적으로 증축했다. 게다가 카를 6세는 해외무역을 장려하기 위해 1722년에 오스텐더에 동인도회사를 설립했으나, 이로 인해 해상 강국들의 이해관계를 건드려 몇 년 만에 다시 문을 닫아야 했다.

에스파냐 왕위 계승 전쟁 이후 유럽 강대국들 사이의 동맹 체제는 계속 바뀌었고(이 동맹 체제 안에 러시아가 처음으로 등장했다.), 오스트리아도 계속 다른 동맹 구도에 놓이게 되었다. 가령 과거에 에스파냐 왕위를 두고 전쟁을 벌였던 펠리페 5세와는 동맹을 맺은 반면, 같은 편이었던 영국과는 긴장 관계가 조성되었다.

8년 동안 자녀 복이 없었던 카를 6세와 엘리자베트 크리스티네 사이에 1716년에 드디어 첫아들이 태어났다. 이로써 오스트리아 계열의 후계자 문제가 해결될 기미가 보였으나, 기쁨은 오래가지 않았다. 태어난 바로 그해에 아이가 세상을 떠났기 때문이다. 하지만 1717년에 두 번째 자녀가 태어났다. 첫째 딸인 마리아 테레지아였다. 1년 후 둘째 딸이 태어났다. 이후 한참 동안 아이가 생기지 않다가 6년이라는 시간이 흐른 뒤 새로운 자녀가 태어났다. 이번에도 딸이었다. 이를 마지막으로 둘 사이에는 아이가 더이상 생기지 않았다. 이처럼 딸만 연달아 낳다보니 남성 후사에 대한 희망은 점차 사라져갔고, 이로 인해 후계자 문제가 중요한 정치적 쟁점으로 떠오르게 되었다.

이제 카를 6세는 대내적으로는 오스트리아의 신분 대표자들에게서, 대외적으로는 이해관계가 복잡하게 꼬인 유럽 국가들에게서 국사조칙에 대한 승인을 이끌어내기 위해 적극적으로 나서지 않을 수 없었다. 이때 카를 6세는 자신이 내세운 장녀 마리아 테레지아의 계승권을 관철시켜야 했는데, 이는 전통적으로 내려온 남자 상속 원칙은 물론이고 손위 혈육의 우선권까지 거스르겠다는 의미였다. 그는 요제프 1세의 두 딸을 압박해 작센 선제후의 후계자와 바이에른 선제후의 후계자와 각각 결혼할 때* 마리아 테레지아를 위해 자신들의 상속권을 포기하도록 했다. 카를 6세의 외교 전략도 단계적으로 성과를 거두었는데, 그는 상당한 양보 끝에 국사조칙에 대한 유럽 열강의 승인을 받아낼 수 있었다.

* 요제프 1세의 첫째 딸 마리아 요제파는 작센의 프리드리히 아우구스트 2세와, 둘째 딸 마리아 아말리아는 바이에른의 카를 알브레히트와 결혼했다.

그럼에도 불구하고 유럽의 국제 정세는 여전히 불안했다. 결국 폴란드의 왕위 계승 문제가 기폭제가 되어 유럽 내 긴장 관계는 짧은 전쟁으로 귀결되고 말았다. 폴란드 왕위 계승 전쟁(1733~1735)의 배경을 조금 더 자세히 살펴보면 다음과 같다. 우선 폴란드왕국의 왕위가 공석이 되자 오스트리아와 프랑스가 각각 다른 왕위 후보자를 내세우면서* 양국이 대립했다. 하지만 상황을 더 복잡하게 만든 원인은 따로 있었다. 바로 마리아 테레지아와 로렌 공작 프란츠 3세 슈테판 사이의 결혼이 예정되어 있었던 것이다(물론 이 결혼은 마리아 테레지아 본인이 원한 것이기도 했다). 로렌 가문과 합스부르크 가문은 예부터 우호적 관계를 유지한 덕분에 프란츠 슈테판은 젊은 나이에 빈 궁정에 한동안 머물 수 있었다. 하지만 당시의 여행 조건을 고려했을 때 유럽 명문가에서 결혼을 앞둔 남녀가 결혼식 전에 사적으로 친분 관계를 갖는 것은 이례적이었다. 프란츠 슈테판을 결혼 상대자로 선택한 데에는 사랑이 중요한 요소로 작용한 것은 분명하나, 합스부르크 가문의 입장에서 정치적 이득이 없었더라면 이 결혼은 결코 성사되지 않았을 것이다. 문제는 프랑스가 이 상황을 다르게 해석했다는 데 있었다. 로렌 가문과의 결혼으로 합스부르크 가문이 프랑스의 바로 동쪽 옆구리에서 세력을 키울 여지가 생기기 때문에 프랑스는 이 결혼을 도전장으로 받아들였다. 따라서 마리

---

* 프랑스는 루이 15세의 장인인 스타니스와프 레슈친스키를 내세웠던 반면, 오스트리아는 작센 선제후 프리드리히 아우구스트 2세를 지지했다.

아 테레지아의 결혼 문제는 폴란드 왕위 계승을 두고 최근에 충돌하기 시작한 이해관계에 기름을 붓는 격이 되었다.

이런 맥락에서 오스트리아와 프랑스 사이에 폴란드 왕위 계승 전쟁이 터졌는데, 정작 전쟁의 주요 무대가 된 것은 라인강 일대와 이탈리아였다. 비교적 짧은 시간 안에 끝난 폴란드 왕위 계승 전쟁의 결과, 제국 남부와 서부를 중심으로 영토가 재분배되었다. 합스부르크 가문은 이탈리아 남부를 부르봉 가문의 에스파냐 계열에게 넘겨준 대신, 파르마와 피아첸차를 향후 몇 년 동안 지배하게 되어 이탈리아 북부에서 이득을 챙겼다. 이에 반해 프란츠 슈테판의 가문은 로렌에서 물러나게 되었고, 이로써 로렌은 프랑스의 영향력 아래로 완전히 들어가게 되었다. 대신 마리아 테레지아의 남편이 될 프란츠 슈테판과 그의 자녀들이 메디치 가문의 대가 끊긴 토스카나를 차지하게 될 터였다. 이렇게 해서 합스부르크 가문의 세력권은 이탈리아 남부에서 이탈리아 북부로 이동했다. 이처럼 모든 정치적 방해물이 정리되자 마리아 테레지아와 프란츠 슈테판은 1736년에 마침내 결혼식을 올릴 수 있었다.

한편 레오폴트 1세와 요제프 1세, 카를 6세에 이르기까지 세 명의 황제를 충성스럽게 섬기며 오스트리아가 강대국으로 떠오를 수 있도록 크게 공헌한 사부아 공자 외젠이 같은 해에 세상을 떠나면서 합스부르크 가문의 권력은 쇠약해지기 시작했다. 오스만튀르크에 맞서 1736년부터 1739년까지 이어진 전쟁만 보더라도 합스부르크 가문은 외젠이 발칸반도에서 점령했던 지역들을 다시 상실하고 말았다. 게다가 오스트리아 세습영지의 재정은 파탄에 빠졌다. 무엇보다 카를 6세에게 무거운 부담이 되었던 것은 남자 계승자가 없다는 사실이었다. 카를 6세는 마리아 테레지아가 자녀 세 명을 낳는 모습까지 지켜보고 세상을 떠났지만, 그때까지 태어난 아이들은 모두 딸이었다. 결국 카를 6세는 자신이 합스부르크 가문을 대표한 마지막 남자였다는 암울한 현실을 직시한 채, 그리고 자신의 사후에 유럽 열강들이 국사조칙에 명시된 여자 상속 원칙을 실제로 인정하지 않을지도 모른다고 깊이 우려하며 1740년에 세상을 떠났다. 카를 6세의 불길한 예감은 적중했다. 바이에른과 프랑스, 작센은 물론이고 프로이센에서 권력을 잡은 지 얼마 안된 프리드리히 2세까지 과거의 약속을 뒤집었고, 카를 6세의 사망으로 합스부르크 가문의 대가 끊겼다고 간주했다. 따라서 마리아 테레지아는 카를 6세가 남기고 간 유산을 주변 세력에게 모두 빼앗길지 모르는 극도로 위태로운 상황에 처했다.

# 남계 혈통의 단절

합스부르크 가문의 남성 후사가 끊긴 것에는 여러 가지 원인이 있었다. 생물학적 요인도 분명 작용했지만 합스부르크 가문이 자초한 부분도 없지 않았다.

우선 자연 생식을 통해 아들이 태어날지 딸이 태어날지는 부모가 결정할 수 있는 문제가 아니며, 전적으로 우연에 의해 결정된다. 원하는 성별을 얻을 확률을 높이기 위해 부모가 기껏해야 할 수 있는 일은 자녀를 최대한 많이 낳는 것이다.

16세기와 17세기에 걸쳐 합스부르크 가문 가운데 특히 오스트리아 계열은 결혼을 통해 많은 자녀를 얻었기 때문에 자녀들의 성비도 어느 정도 균형을 이루었다. 루돌프 2세, 마티아스, 페르디난트 2세, 펠리페 3세 등의 군주들이 속한 세대만 하더라도 총 41명의 자녀로 구성되어 있었고, 이 중에 남성은 무려 20명에 달했다. 그럼에도 불구하고 남계 혈통이 충분치 않았던 데는 두 가지 이유가 있다.

첫째로, 당시 합스부르크 가문의 영유아기 사망률이 과거의 평균치보다 높았다. 레오폴트 1세만 보더라도 자녀를 총 16명 두었는데, 이 중 11명이 어린 나이에 죽었다. 게다가 레오폴트 1세의 여러 손자도 요절했다. 합스부르크 가문 사람들이 가문의 이익을 지키기 위해 장장 4세대에 걸쳐 근친혼을 반복했기 때문에 이렇게 영유아기 사망률이 높았던 것으로 추측된다. 뒷장의 표에서 볼 수 있듯이, 합스부르크 가문의 자녀 세대의

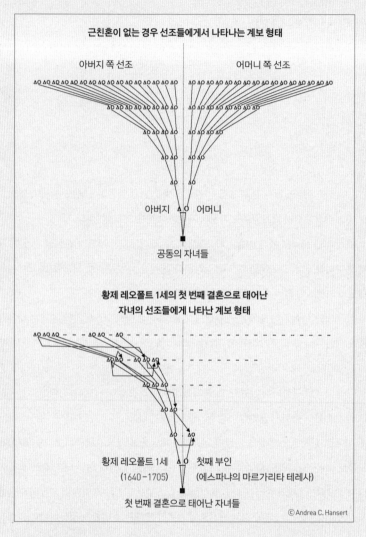

근친혼이 없는 경우 선조들에게서 나타나는 계보 형태

아버지 쪽 선조          어머니 쪽 선조

아버지 △○ 어머니

공동의 자녀들

황제 레오폴트 1세의 첫 번째 결혼으로 태어난
자녀의 선조들에게 나타난 계보 형태

황제 레오폴트 1세 △○ 첫째 부인
(1640-1705)        (에스파냐의 마르가리타 테레사)

첫 번째 결혼으로 태어난 자녀들

© Andrea C. Hansert

남계 혈통의 단절

경우 조상들의 수자가 현격히 적었다. 일반적인 부모 밑에 태어난 자녀는 6세대 위에 조상이 64명 있었지만, 레오폴트 1세와 그의 첫 번째 부인 사이에 태어난 자녀는 조상이 12명에 불과하다. 즉 합스부르크 가문의 경우에 조상의 수가 일반적 경우의 20퍼센트에도 못 미친 것이다. 이렇듯 정치적·권력적 이유로 거듭된 근친혼의 결과 합스부르크 가문의 많은 일원이 허약한 몸과 신체적 결함을 가지게 되었고, 결국 이러한 혼인 정책이 합스부르크 가문의 단절로 귀결되었다고 볼 수 있다.

둘째로, 성년에 이른 아들 중 결혼을 하지 않은 인물이 많았다. 제국의 정치적 상황으로 주교가 되어 독신 제도에 구속된 이들도 있었던 반면, 루돌프 2세나 그의 동생인 에른스트와 같이 개인적인 이유로 끝까지 결혼을 하지 않았던 이들도 있었다. 이로 인해 합스부르크 가문은 아들을 낳을 수 있는 잠재적 기회를 써보지도 못하고 걷어차버렸다. 즉 출산 시 성별을 결정하는 생물학적 우연성을 극복하기 위해서는 자녀를 최대한 많이 낳아야 하는데, 합스부르크 가문은 그러지 못했다. 게다가 합스부르크 가문은 자녀가 생기더라도 끝에 가서는 여성의 비율이 더 높았기 때문에 남성 후사가 끊길 위기에 처하고 만 것이다.

# 10장

●

# 마리아 테레지아와 요제프 2세

## 오스트리아의 성장과 개혁

### 합스부르크 상속을 둘러싼 경쟁 세력들

카를 6세의 서거로 합스부르크 가문의 운명은 한 치 앞도 내다볼 수 없게 되었다. 바이에른과 작센을 비롯한 여러 경쟁 세력이 마리아 테레지아가 오스트리아 및 보헤미아를 계승하는 데 반대하며 오히려 자신들에게 계승권이 있다고 주장하고 나선 것이다. 여기에 더해 마리아 테레지아는 황제에 직접 등극할 수도 없었다. 신성로마제국의 황위는 선거를 통해 정해지기 때문에 세습이 불가능한 데다가 여성은 오를 수 없는 자리였다. 이에 따라 마리아 테레지아 대신 그녀의 남편 프란츠 슈테판이 그때까지 합스부르크 가문에서 독차지했던 황위를 이어받으려 했다. 하지만 선제후들은 프란츠 슈테판의 잠재력만 놓고 봤을 때 그를 황위 후보자로 고려할 수 없었다. 이러한 상황에서 주변 세력들은 제국 밖에 있는 헝가리만 마리아 테레지아에게 남겨주고, 그녀의 선조들이 수백 년 동안 쌓아올리고 통치한 영토를 모조리 빼앗을 속셈이었다.

특히 요제프 1세의 둘째 딸과 결혼한 바이에른 선제후 카를 알브레히트는 결혼할 당시 자신과 아내의 상속권을 포기하기로 공식적으로 약속했음에도 불구하고 카를 6세가 사망하자마자 합스부르크 가문의 세습영지를 두고 마리아 테레지아와 경쟁을 벌였다. 과거에 체결된 합스부르크 가문과 비텔스바흐 가문 사이의 혼인 계약을 근거로 상속권을 주장한 카를 알브레히트는 자신의 계획에 힘을 보태줄 강력한 지지자를 곧바로 찾았다. 바로 프랑스였다. 하지만 정작 마리아 테레지아를 향한 군사적 공격은 예상과 달리 북쪽에서 갑작스럽게 이뤄졌다. 카를 6세가 죽은 지 두 달도 지나지 않은 시점에 프로이센의 젊은 군주 프리드리히 2세가 합스부르크 가문의 권력이 약해진 틈을 냉철하게 노려 실레시아를 침공한 것이다. 이때 그는 합스부르크 가문의 영토 가운데 가장 부유한 지방으로 꼽혔던 실레시아를 병합하려는 확실한 의도를 갖고 있었다. 프리드리히 2세도 카를 알브레히트와 마찬가지로 수백 년 전에 체결된 혼인 계약을 근거로 실레시아 내 일부 지역들에 대한 권리를 주장했으나, 그것은 구차한 명목에 지나지 않았다. 프리드리히 2세의 침공은 역사가 테오도어 쉬더의 말을 빌리자면 프로이센을 강대국 반열에 올려놓기 위한 '영토 약탈'이나 다름없었다. 마리아 테레지아가 평생 프리드리히 2세에게 적대감을 보였던 것도 바로 이 실레시아 침공에서 비롯되었다.

그 후 몇 달 안에 바이에른과 프랑스, 에스파냐, 프로이센, 작센 등을 중심으로 막강한 동맹이 결성되었다. 이 세력을 등에 업은 카를 알브레히트는 자신의 주장을 관철시키기 위해 1741년에 오스트리아로 진격했다. 이렇듯 사방에서 덤벼드는 적들에게 마리아 테레지아는 완전히 압도당하고 말았다. 그 시점까지도 제대로 된 방어태세를 갖추지 못했던 빈이 카를 알브레히트의 사정거리에 들어왔지만, 프랑스가 갑자기 카를 알브레히트에게 방향을 북쪽으로 돌려 보헤미아를 점령할 것을 요구했다. 이렇게 해서 카를 알브레히트는 프라하에서 보헤미아 국왕으로 즉위했다. 이때 그는 크게 저항을 받지 않았는데, 이는 보헤미아의 신분 대표자들 사이에 반反합스부르크 정서가 팽배했기 때문이다. 다른 합스부르크 세습영지에서도 침략군을 환영하는 분위기였다. 가령 실레시아의 개신교도들은 프리드리히 2세를 점령자라고 생각하기보다는 해방자로 받아들였다. 상황이 이렇게 되자 선제후들 사이에서도 분위기가 카를 알브레히트에게 우호적인 방향으로 흘러갔다. 1742년 초, 선제후들은 마침내 프랑크푸르트에 모여서 카를 알브레히트를 황제 '카를 7세'로 선출한 후 대관식을 거행했다. 이로써 300년 이상 한번의 공백도 없이 황위를 유지했던 합스부르크 가문의 독주에 제동이 걸리게 되었다. 만약 카를 7세가 새롭게 손에 넣은 황위를 성공적으로 지켜냈다면, 합스부르크 가문은 약소국으로 전락하고 말았을 것이다.

## 자기주장을 관철시킨 마리아 테레지아

하지만 이 시점에 이르렀을 때 마리아 테레지아는 이미 주도권을 다시 잡고 전세 역전의 기반을 마련한 상태였다. 헝가리에서는 귀족들에게 양보안을 제시한 덕분에 지원을 끌어낼 수 있었고, 합스부르크 가문의 이탈리아 영토에서도 지원 병력이 도착했다. 게다가 무대 뒤에서는 동맹국이었던 영국이 마리아 테레지아에게 도움이 되는 방향으로 힘을 썼다. 마리아 테레지아는 이러한 호재에 힘입어 1742년 초 대대적인 반격에 나섰다. 이때 그녀는 프리드리히 2세에게 큰 타격을 주지 못해 실레시아가 프로이센의 수중에 남는 것을 막지 못했으나, 직접적인 경쟁자였던 카를 7세를 궁지에 몰아넣었다. 프랑크푸르트에서 카를 7세의 대관식이 거행된 직후 마리아 테레지아의 군대가 바이에른으로 진격해 뮌헨을 점령한 것이다. 이로써 카를 7세는 자신의 본래 영지로 돌아갈 수 없게 되었고, 이러한 굴욕적인 상황은 카를 7세가 죽기 직전까지 계속되었다. 비록 황제로 등극한 카를 7세였으나, 가문의 본거지를 빼긴 신세였기에 프랑크푸르트에 새로운 거처를 마련할 수밖에 없었다. 오스트리아와 바이에른에서 이와 같이 변해버린 세력 판도는 이후 몇 년 동안 거의 그대로 유지되었다.

다른 한편 서양 열강들의 입장에서 볼 때 오스트리아 계승 문제로 불이 붙은 전쟁은 네덜란드와 이탈리아, 해외 식민지 등 정작 오스트리아와 멀리 떨어진 지역에서 각축전을 벌일 촉매제에 불과했다. 이에 따라 전쟁은 막바지 단계에 접어들면서 애초의 원인이었던 오스트리아 계승 문제와 아예 무관하게 펼쳐졌는데, 1745년에 마리아 테레지아가 결정적인 승기를 잡은 이후로 이 같은 양상은 더욱 뚜렷해졌다. 1745년 1월 20일, 행운이 따르지 않았던 카를 7세가 황위에 오른 지 3년 만에 생을 마감한 것이다. 사실 합스부르크 가문을 제치고 제국의 일인자로 군림하고자 했던 카를 7세의 야심은 현실과의 괴리가 너무 컸다. 카를 7세는 황제로 즉위해 독일에서 바이에른을 오스트리아 및 프로이센과 대등한 제3의 세력으로 올려놓고자 했으나, 독자적으로 자신의 계획을 실현할 재원과 권력을 갖추지 못했던 것이다.

이렇게 마리아 테레지아는 실레시아를 제외한 합스부르크 가문의 세습영지를 지켜내는 데 성공했다. 카를 7세에 이어 바이에른 공작이 된 그의 아들 막시밀리안 3세 요제프를 포함해서 모든 선제후도 마리아 테레지아의 남편을 황제 '프란츠 1세'로 선출하는 데 동의했다. 하지만 마리아 테레지아 본인은 황후로 대관하길 거부했다. 그녀는 프란츠 1세에게 결정적 힘을 실어준 합스부르크 가문의 실권자였기 때문에, 황제보다 서열이 낮은 황후로 기록에 남는 것을 받아들일 수 없었던 것이다. 결과적으로 합스부르크 가문은 유럽 강자의 위상을 되찾고 황가로서의 명예도 회복했다. 이처럼 전세를 역전시킨 것은 마리아 테레지아 개인이 이루어낸 성과로 역사에 길이 남을 업적이었다. 특히 마리아 테레지아는 전쟁이 최악의 상황으로 치달았을 때 남편을 포함한 최측근들로부터 타협하라는 조언을 받았음에도 불구하고 끝까지 굴복하지 않았기에, 그녀의 업적은 더더욱 빛났다.

한편 마리아 테레지아는 가문의 존립을 둘러싼 전쟁, 세습영지 통치 문제 등으로 중압감이 극심한 가운데서도 자녀를 연이어 낳았다. 1737년부터 1756년까지 총 16명을 출산한 것이다. 특히 전쟁의 열기가 뜨거워지던 1741년에 후계자인 요제프가 태어났는데, 낭떠러지로 내몰렸던 그녀는 이를 계기로 심리적으로 큰 힘을 얻을 수 있었다.

엄격하게 본다면 마리아 테레지아의 자녀들은 합스부르크 가문의 혈통이라기보다는 아버지의 가문에 따라 로렌 가문의 혈통이었다. 하지만 그들이 상속받을 유산 대부분은 어머니 소유였기 때문에, 전통적인 방식에 따라 아버지 가문의 성을 따서 쓰기엔 무리가 있었다. 이에 따라 통치 가문은 한동안 '합스부르크-로렌'(합스부르크-로트링겐)으로 불렸다. 하지만 시간이 지나면서 훨씬 막강한 권력을 상징하는 이름만 남고 결국 다시 '합스부르크' 가문으로 불렸다.

## 마리아 테레지아의 개혁 정책

1746년 이후 외교적으로 여유를 되찾은 마리아 테레지아는 세습영지에서 일련의 중대한 개혁을 추진하기 시작했다. 그녀는 우선 하우크비츠 백작의 지휘 아래 행정 체제와 사법 제도, 재정 부문(귀족과 성직자의 면세특권 폐지), 군대 등 여러 분야에서 개혁을 실시했다. 이때 효율성 중심의 관료제가 강제적으로 도입되면서 신분 대표자들은 오래전부터 행사해왔던 자치권의 상당 부분을 상실했다. 반대로 마리아 테레지아의 치세 초기에 약 5천 명이었던 관료의 수는 그녀가 물러날 때쯤 무려 네 배로 증가했다. 또한 빈에 테레지아 아카데미 같은 근대 교육 시설을 세워 국가와 군대에 필요한 고급 인재를 체계적으로 양성했다. 세습 영지의 개혁 중 특히 중요했던 것은 오스트리아와 보헤미아가 하나의 중앙집권적 통일국가로 합쳐졌다는 점이다. 실레시아가 프로이센의 수중에 넘어가면서 보헤미아의 지위는 안 그래도 떨어져 있었는데, 이 통합 조치로 보헤미아의 위상은 더욱 추락하고 말았다. 이에 반해 헝가리는 자치권의 대부분을 인정받았는데, 여기서 19세기에 만들어진 오스트리아-헝가리제국의 초기 형태를 엿볼 수 있다.

마리아 테레지아는 신앙심이 깊었으며 신하와 가족에게도 높은 수준의 도덕성을 요구했다. 통치 초기에 그녀는 심지어 '순결위원회 Keuschheitskommission'를 구성했으나 큰 성공을 거두지는 못했다. 마리아 테레지아는 분명 열렬한 가톨릭 신자였지만 동시에 반反로마 성향이 강한 인물이기도 했다. 이러한 성향은 그녀가 교황청의 개입을 차단하고 교회가 국가의 이익을 위해 봉사하도록 힘썼다는 데서 여실히 드러났다. 따라서 마리아 테레지아가 전통적으로 교회의 전문 분야라고 여겨졌던 교육 부문을 국가가 독점 관리해야 한다고 생각한 것은 당연한 결과였다.

프란츠 1세가 국사에 얼마나 개입했는지는 정확하게 말하기 어렵다. 그는 황제로서 최고의 자리에 있었지만, 권력의 기반이라고 할 수 있는

황실 가족의 모습. 마르틴 판 마이텐스 그림, 1754년,
쇤브룬 궁전 소장.

합스부르크 가문의 세습영지 안에서는 마리아 테레지아의 남편에 불과했고 영향력이라고는 거의 없었다. 프란츠 1세는 애초에 정치적 야심이 강하지 않은 인물이었지만 행정가로서는 재능이 아주 뛰어났다. 그는 합스부르크-로렌 가문의 사유 재산을 크게 늘려 가족들에게 막대한 부를 안겨줬을 뿐 아니라, 마리아 테레지아와 함께 일할 인재를 등용할 때 훌륭한 조언자 역할을 했다. 말년에는 마리아 테레지아에게서 재정 부문과 국채 부문까지 넘겨받아 큰 성과를 냈으며, 박물표본실Naturalienkabinett 등을 설립함으로써 중요한 업적을 남기기도 했다.

**프리드리히 대왕과 맞서 숙적 프랑스와 손을 잡다: 7년 전쟁**

마리아 테레지아는 1753년 이후 재상으로 활동한 카우니츠 백작의 도움으로 유럽의 동맹 구도에 일대 혁명을 일으켰다. 그때까지 유지된 전통적인 동맹 체제를 오랜 협상 끝에 완전히 뒤집은 것인데, 그 결과 오스트리아는 수백 년 넘게 계속된 적대 관계를 뒤로하고 철천지원수였던 프랑스와 손을 잡은 반면, 오스트리아와 수십 년 동안 동맹을 유지했던 영국은 프로이센과 동맹을 맺었다. 마리아 테레지아는 이렇게 역전된 유럽의 동맹 관계를 이용해 실레시아 탈환을 노렸다. 곧이어 프로이센을 상대로 한 7년 전쟁(1756~1763)이 발발했고, 이때 마리아 테레지아는 프랑스에 오스트리아령 네덜란드를 약속함으로써 지원을 받는 한편, 전쟁 초기에는 러시아의 지원을 끌어내는 데도 성공했다. 먼저 공격을 시작한 프로이센은 프라하까지 점령했으나 곧 수세에 몰렸다. 프리드리히 2세는 연거푸 대패했고, 결국에는 영국의 지원마저 끊기는 곤경에 처했다. 게다가 베를린과 포츠담마저 한동안 오스트리아 군대에 점령당하면서 프리드리히 2세는 그야말로 벼랑 끝에 몰리게 되었다. 반反프로이센 동맹에 균열이 가지 않았다면 프리드리히 2세는 1761년에 파멸을 면치 못했을 것이다. 하지만 1762년 초, 러시아의 여제 엘리자베타 페트로브나의 서거로 표트르 3세가 러시아 황제에 등극하면서 상황은 급변했다. 프리드리히 2세의 열성 추종자였던 표트르 3세가 프로이센과 화친을 맺은 것이다. 이처럼 러시아가 오스트리아와의 동맹에서 이탈하자 오스트리아와 프로이센의 명암은 엇갈리고 말았다. 마리아 테레지아는 애초의 전쟁 목표를 달성할 수 없게 된 반면, 프리드리히 2세는 회생의 기회를 얻은 것이다. 1763년, 마침내 후베르투스부르크 평화조약이 체결되면서 7년 전쟁은 종결되었고, 그 결과 프리드리히 2세는 실레시아의 영유권을 최종적으로 인정받게 되었다.

굵은 선은 18세기의 신성로마제국의 경계를 나타낸다. 유럽 동남부와 바덴 남부, 현재의 벨기에, 밀라노와 토스카나 등 색을 입힌 지역은 합스부르크 가문의 영토를 나타낸다.

대신 프리드리히 2세는 마리아 테레지아의 아들 요제프를 로마·독일 왕으로 선출하겠다고 약속했다. 이렇게 해서 요제프는 1764년에 로마·독일 왕 '요제프 2세'로 즉위할 수 있었다.

한편 마리아 테레지아는 프랑스와 동맹을 맺은 후 자녀들의 정략결혼을 계획하기 시작했다. 이때 프랑스와 에스파냐를 통치한 부르봉 왕가뿐 아니라 나폴리와 파르마를 통치한 부르봉 왕가의 방계 가문까지 후보자에 올랐다. 그 결과 마리아 테레지아는 1760년과 1770년 사이에 무려 자녀 다섯 명을 프랑스-에스파냐 왕가와 그 방계의 후손들과 결혼시켰고, 이를 통해 이탈리아와의 유대 관계를 한층 강화할 수 있었다(밀라노와 프란츠 1세에게 넘어간 토스카나*는 나중에 태어난 아들들에게 물려줄 계획이었다). 마리아 테레지아는 정략결혼을 추진할 때 이따금 자녀들의 개인적 운명은 가차 없이 배제한 채 냉철하게 정치적 이해관계를 우선순위에 두었다. 한 예로 그녀의 후계자인 요제프 2세를 들 수 있다. 요제프 2세는 루이 15세의 손녀였던 파르마의 이사벨라와 결혼한 후 행복한 부부생활을 보냈다. 그러나 이사벨라가 사망한 뒤 마리아 테레지아는 순전히 정치적 계산에 따라 볼품없는 바이에른의 공주 마리아 요제파와 재혼할 것을 요제프 2세에게 강요했다. 이때 생긴 반감은 나중에 불거진 모자 갈등의 씨앗이 되었다. 다른 한편 1770년에 마리 앙투아네트와 프랑스의 왕위 후계자(훗날 루이 16세) 사이에 결혼이 성사되면서 마리아 테레지아는 프랑스와의 우호 관계가 더욱 증진되기를 기대했다. 하지만 미숙하고 무분별한 행동을 일삼았던 마리 앙투아네트가 베르사유 궁전에 도착한 후 마리아 테레지아는 불길한 예감에 사

---

* 1737년, 토스카나의 잔 가스토네 데 메디치 공작이 사망함에 따라 프란츠 1세가 그 자리를 대신했다.

로잡혔는데, 그녀가 내다본 마리 앙투아네트의 불운한 앞날은 결국 한 세대 뒤에 최악의 형태로 현실이 되고 말았다.

## 마리아 테레지아와 요제프 2세의 어려운 공동 통치

1765년, 마리아 테레지아의 인생에 커다란 전환점이 찾아왔다. 다시없을 행복을 안겨주었던 프란츠 1세가 돌연 세상을 떠난 것이다. 이렇듯 갑작스럽게 덮친 불행으로 과부가 된 마리아 테레지아는 큰 충격을 받은 나머지 우울한 성격으로 변해갔는데, 하필 비슷한 시기에 가족과 관련된 다른 문제들이 그녀의 근심을 더했다. 이제 아버지를 이어 황제로 즉위한 요제프 2세가 마리아 테레지아에게 세습영지의 공동 통치자로 임명되었다. 하지만 이렇게 재편된 권력 구도 속에 다양한 갈등 요소가 도사리고 있었다. 모자간의 관계는 대체로 돈독했음에도 불구하고, 성별이나 세대, 지향하는 목적 등 여러 요인이 둘 사이를 갈라놓았다. 게다가 한 명은 감정적이었던 데 반해 다른 한 명은 전투적인 성격이었기 때문에 둘 사이의 간격은 더욱 클 수밖에 없었다. 무엇보다도 어머니의 가부장적 태도와 젊은 아들의 혈기 왕성한 야욕이 곳곳에서 충돌했다. 요제프 2세가 태어난 상황부터 상당히 특별했다. 당시 마리아 테레지아와 프란츠 1세 사이에 세 명의 딸이 태어났지만 아들이 없어 남계 혈통이 끊어질 위기였는데, 오스트리아 계승 전쟁이 최악의 상황에 빠졌던 1741년 3월에 오랫동안 기다려온 아들이 드디어 태어난 것이다.

마리아 테레지아는 이러한 절체절명의 시기에 태어난 아들을 오스트리아의 '구원자'로 치켜세웠다. 이로 인해 어려서부터 후계자에 걸맞은 몸가짐을 익힌 요제프 2세는 오만함을 노골적으로 드러내는 인물로 자랐고, 이러한 태도는 이후에도 크게 변하지 않았다.

요제프 2세는 분명 재능이 많고 총명하며 새로운 모든 것에 개방적이었다. 게다가 일상생활에서는 사치를 부리거나 왕권을 과시하기보다는 서민에 가까운 소탈한 모습을 보였다. 하지만 요제프 2세는 차기 통치자로서 지나치게 높은 목표를 세웠다. 그는 후계자 시절부터 계몽절대주의Aufgeklärter Absolutismus 사상〔군주가 앞장서서 계몽사상에 따라 근대화 개혁을 실현해야 한다는 이념〕에 입각해 각종 부조리한 전통과 봉건주의적 특권을 타파하고, 신민의 법적 평등을 보장하며 개인의 성과를 우선시하겠다는 입장을 표명했다. 하지만 마리아 테레지아와 달리 성격이 급했던 요제프 2세는 타인, 특히 신하를 대할 때 적절성과 실현 가능성을 제대로 가늠할 감각이 부족했다. 한편 요제프 2세는 어머니의 강요에 못 이겨 일말의 사랑도 없이 결혼한 두 번째 아내가 일찍 사망하자, 후계자 문제를 확실히 하기 위해 다시 한번 결혼하라는 어머니의 뜻에 완강하게 저항했다.* 그렇지 않아도 동생인 레오폴트〔훗날 레오폴트 2세〕가 곧 많은 자녀를 얻었기 때문에 요제프 2세는 계승 문제가 해결되었

---

* 요제프 2세와 첫 번째 부인인 이사벨라 사이에 두 명의 딸이 태어났으나 모두 어린 나이에 사망했고, 두 번째 부인인 마리아 요제파 사이에는 자녀가 없었다. 따라서 마리아 테레지아는 남성 후계자를 얻기 위해 재혼을 거듭 요구했다.

젊은 나이의 레오폴트 대공(왼쪽)과 그의 형 황제 요제프 2세. 폼페오 바토니 그림, 1769년, 빈 미술사박물관 소장.

다고 생각했다.

이렇듯 성격이 판이하게 달랐던 모자가 공동 통치하는 동안 요제프 2세는 자유를 제대로 누릴 수 없었다. 따라서 요제프 2세는 세습영지를 주로 돌아다니면서 신민들과 공감대를 형성했고, 외국으로도 자주 여행을 떠나 현지의 상황을 직접 눈으로 보고 연구했다. 그는 프랑스가 발전시킨 문명에 대한 호기심에 이끌려 1777년에 프랑스를 방문했고, 어머니의 부탁으로 동생 마리 앙투아네트와 루이 16세 사이의 오래된 결혼 문제를 해결하는 데 성공적으로 힘을 보탰다. 7년 동안 임신하는 데 실패한 마리 앙투아네트가 요제프 2세의 조언 덕택에 드디어 아이를 갖게 된 것이다.

이외에도 요제프 2세는 많은 활동을 펼쳤는데, 그중에는 마리아 테레지아에게 비판받은 것들도 여럿 있었다. 우선 요제프 2세는 프리드리히 2세의 근대적 면모에 큰 감명을 받은 나머지 프리드리히 2세와 두 차례 만났다. 그런 아들의 모습에 마리아 테레지아는 크게 낙심할 수밖에 없었다. 또한 요제프 2세는 1772년에 카우니츠 백작의 주도로 프로이센 및 러시아와 함께 1차 폴란드 분할을 추진했다. 마리아 테레지아는 옆 나라를 갈라 먹자는 아들의 확장 정책에 양심의 가책을 느껴 극렬하게 반대한 끝에야 동의하는 모습을 보였다. 특히 바이에른을 노린 요제프 2세의 행보는 마리아 테레지아의 강한 불만에 부딪혔다. 1777년에 혈통이 단절된 바이에른은 비텔스바흐 가문의 상속 협약에 따라 팔츠 계열에 돌아가야 했지만, 요제프 2세는 가까운 인척 관계를 명분으로 내세워 바이에른에 대한 권리를 주장하고 나섰다.* 요제프 2세는 공동 통치자인 마리아 테레지아의 뜻에 반하면서까지 바이에른 계승 전쟁(1778~1779)을 일으켜 전력을 다해 싸웠으나 큰 성과를 내지는 못했다. 결국 요제프 2세는 인피어텔이라는 쪼가리 땅을 획득하는 것으로 만족해야 했다.

1780년, 마리아 테레지아는 63세의 나이로 서거했다. 1740년대 초 그녀가 통치를 시작했을 때만큼 합스부르크 가문과 세습영지의 운명이 한 인물의 필사적인 몸부림에 달려 있었던 적은 없었다. 합스부르크 가문의 수많은 통치자 가운데 마리아 테레지아는 단연 돋보인다. 그녀는 합스부르크 가문의 여성으로서 유일하게 절대권력을 거머쥐며 권

---

\* 바이에른의 선제후 막시밀리안 3세 요제프가 후사 없이 사망함에 따라 가장 가까운 친척이었던 팔츠 선제후 카를 테오도어가 바이에른의 계승자가 되어야 했다. 그런데 요제프 2세는 자신의 아내 마리아 요제파가 바로 막시밀리안 3세 요제프의 여동생이라는 점을 내세운 것이다.

좌에 올랐을 뿐 아니라, 통치권자로서 재능이 비범했고, 주위 열강에게 유례없는 거센 도전을 받았음에도 불구하고 뛰어난 지구력으로 풍파를 견뎌냈다. 무엇보다 마리아 테레지아는 두 가지 측면에서 어머니로서 타고난 광채를 발산했는데, 그녀는 대가문을 이끈 어머니이자 세습영지를 보살핀 어머니로서 백성들에게 국모로 추앙받았다.

## 황제 요제프 2세의 야심찬 개혁 정책

마리아 테레지아의 서거로 요제프 2세가 세습영지의 단독 통치자로 등극했다. 어머니의 그늘에서 벗어나 재량권을 완전히 손에 넣은 요제프 2세는 세습영지의 근대화를 목표로 여러 방면에 걸쳐 다양한 개혁을 냉혹하게 밀어붙였다. 첫 조치로 고위 귀족의 수입을 제한하고 국가와 통치 가문의 재산을 분리했다. 특히 요제프 2세가 가톨릭 계몽주의 정신에 따라 종교 영역에서 관철시킨 다양한 개혁들은 큰 파장을 일으키며 '요제프주의Josephinismus'라는 이름으로 역사에 남았다. 구체적으로 보면 요제프 2세는 1781년에 관용령Toleranzpatent을 발표함으로써 가톨릭 이외의 종파를 믿는 신자들에게도 종교의 자유와 정치적 평등을 보장했다. 1782년에는 관용령을 유대인에게 확대 적용함으로써 유대인이 합스부르크제국에 동화될 수 있도록 힘썼다. 그는 또한 같은 해에 의료와 구제활동, 청소년 교육과 관련이 없는 관상 수도회를 모두 폐쇄했다. 그 과정에서 700개 이상의 수도원이 문을 닫게 되었고, 국가는 폐쇄된 수도원의 재산을 몰수해 학교 건축 등 공익을 위해 사용했다. 요제프 2세는 여기서 더 나아가 국가가 성직자 교육도 담당하도록 했고, 종교 휴일을 축소하는 한편 각종 행렬과 순례를 금지했으며 교황청의 영향력을 계속해서 축소해나갔다. 1782년, 교황 비오 6세는 이러한 조치들에 이의를 제기하기 위해 몸소 빈을 방문했으나 요제프 2세의 뜻을 꺾는 데는 실패했다.

다른 한편으로 요제프 2세는 하층민의 상황 또한 개선하기 위해서 야심찬 계획을 추진했다. 빈에 일반인을 위한 대규모 병원과 양로원, 보육원 등의 시설을 짓는 것은 물론이고 농민을 구속한 농노제까지 폐지했다. 하지만 봉건주의적 부담을 없애기 위해 일반세의 형태로 지주와 농민에게 세금을 균등하게 부과하려고 했던 그의 시도는 지주의 반발과 농민의 동요에 부딪혀 실패로 돌아갔다. 요제프 2세는 경제 부문에서 중상주의 원칙을 고수했고 공장 노동자를 보호하기 위한 법령을 최초로 제정했다. 그는 또한 초등학교의 수를 크게 늘렸으나 고등 교육이나 연구 활동은 전혀 지원하지 않았다. 공리주의적 사고방식을 가졌던 요제프 2세의 시각에서 학자는 쓸데가 별로 없었고 무엇보다 역량을 갖춘 관료들이 많이 필요했기 때문이다. 이외에도 요제프 2세 때 검열 제도가 완화되어 언론의 자유가 광범위하게 정착하기 시작했다.

이렇게 여러 개혁 정책이 대대적으로 단행됨에 따라 국가의 영역과 행정 부문이 눈에 띄게 확대되었다. 그 결과 영방의회는 최종적으로 밀려난 반면, 경찰과 정보원의 활동은 현저히 늘어났다. 게다가 법적 평등을 장려하기 위해 신분 대표자들의 특별재판권이 폐지됨으로써 귀족도 일반 법원의 판결을 받게 되었다. 사형제 역시 폐지되었으나, 범죄자를 형벌 기둥에 세워두는 등 굴욕적인 처벌 방식은 범죄 예방 차원에서 한층 강화되었다.

요제프 2세는 이처럼 관료주의적 통합 정책을 과감하게 추진하며 세습영지의 위상과 신민의 사회적 지위를 높이기 위해 노력했지만, 이때 오래된 관습, 법률, 특권, 전통 등을 전혀 고려하지 않았다. 따라서 그의 강경한 근대화 정책은 경탄을 자아내기도 했지만, 많은 경우에 오히려 반발을 불러일으켰고 심지어 반란의 직접적 원인이 되기도 했다. 특히 요제프 2세는 헝가리에서 거센 반란에 부딪혔다. 독일어를 공식 언어로 채택하는 한편, 현지 귀족들의 영향력 아래 있던 자치주vármegye들을 새로운 행정구역으로 개편하고, 헝가리의 국가적 상징물이었던 성 이슈트반 왕관을 빈으로 가져오는 등 가혹한 조치들을 취한 것이 반란의 기폭제가 되었다. 오스트리아령 네덜란드(오늘날의 벨기에)에서도 반란이 일어났는데, 이곳에서는 요제프 2세의 종교 정책이 갈등의 불씨가 되었다. 이를 신호탄으로 상황은 급격히 기울어 통제 불능 상태가 되었고, 결국 요제프 2세는 서거하기 얼마 전에 오스트리아령 네덜란드가 영국과 프로이센, 네덜란드의 지원을 등에 업고 독립을 선언하는 모습을 지켜볼 수밖에 없었다. 요제프 2세의 외교 정책 역시 실패로 점철되었다. 1777년에 바이에른 계승 문제가 불거졌을 때만 보더라도 요제프 2세는 현실성이 전혀 없는 계획을 구상했다. 그는 비텔스바흐 가문의 팔츠 계열에게 오스트리아령 네덜란드와 바이에른을 맞바꾸자고 제안했으나, 이 기회를 통해 자신이 선망했던 프리드리히 2세를 비롯한 독일의 제후들이 황제의 권력 강화를 결코 용납하지 않는다는 것을 뼈저리게 경험해야만 했다. 또한 요제프 2세는 러시아의 여제 예카테리나 2세와 손을 잡은 결과 오스만튀르크와의 전쟁에 휘말리게 되었다. 그는 이때 총사령관으로 나섰으나 전쟁을 이끄는 데 서툴렀다. 라우돈 원수에게 총지휘권을 넘겨준 후에야 오스트리아 군대는 베오그라드를 점령함으로써 승기를 잡을 수 있었다.

다른 한편으로 요제프 2세는 자신의 개혁 정책과 유사한 부분이 있던 프랑스 혁명에 불신의 눈길을 보냈다. 무엇보다는 그는 프랑스 혁명이 동생인 마리 앙투아네트는 물론이거니와 자신과 같은 특권 계층을 겨냥하는 방향으로 흐르고 있다는 것을 정확하게 꿰뚫어 보았다. 성급할뿐더러 일말의 이해심도 찾아보기 힘든 근대화 정책 및 권력 정치로 인해 대내외적 반발이 감당하기 어려운 지경에 이르자, 요제프 2세는 1789년에서 1790년으로 넘어가는 겨울에 개혁 정책 대부분을 철회했다. 이때 그는 이미 심신이 피폐해진 채 임종을 앞두고 있었다. 1790년 2월 20일, 요제프 2세는 필생의 노력이 모두 허사로 돌아가는 현실을 직시하면서 마침내 눈을 감았다. 그의 개혁 정책 가운데 우선 유지된 것들도 있는데, 대표적인 예로 관용령을 포함한 종교 영역의 핵심적인 개혁 조치들과 농노제 폐지 등을 들 수 있다. 요제프 2세의 개혁 정책은 다양한 분야를 아울렀을 뿐만 아니라 다차원적이고 파급력이 대단했기 때문에, 역대 군주 가운데 요제프 2세는 새로운 지평을 연 인물로 손꼽힌다. 어느 통치자도 요제프 2세처럼 좁은 의미의 세력권을 뚫고 나와 백성들과 직결된 생활환경에 광범위하고 깊이 있게 침투한 적이 없었고, 요제프 2세만큼 평화적인 방식으로 백성들의 일상에 큰 변화를 일으킨 적이 없었다. 비록 요제프 2세의 개혁 정치가 타성에 젖은 세계에 부딪혀 성공을 거두지 못했더라도, 그 실패는 일시적이었으며, 실패의 원인도 개혁의 내용보다는 개혁을 이끌어나가는 방식에 있었다. 귀족의 권력 약화, 세속화 정책, 법적 평등 등 요제프 2세가 내세웠던 많은 내용은 프랑스 혁명을 통해서도 추진되었고, 이후 세계 역사에서 보편적 상식으로 자리잡았다. 후세의 자유주의자들은 요제프 2세를 자유주의의 선구자로 보는 경향이 있는데, 이는 요제프 2세의 근대화 정책이 다분히 관료주의적이고 전제적 성격을 띠고 있었다는 점을 충분히 고려하지 못한 평가라고 할 수 있다.

**황제 레오폴트 2세: 한 유망주의 막간극**

합스부르크 가문의 영토를 상속하고 계몽주의에 바탕을 둔 요제프 2세의 정신적 유산까지 물려받은 인물은 요제프 2세의 동생인 레오폴트 2세였다. 만약 레오폴트 2세가 더 오래 살고 다른 시대와 다른 상황에서 통치했더라면 그는 분명 유럽 역사상 가장 위대한 군주 가운데 한 명으로 기억됐을 것이다.

마리아 테레지아와 프란츠 1세의 셋째 아들로 태어난 레오폴트 2세
는 원래대로라면 황위에 오를 가능성이 희박했다. 1765년에 프란츠
1세가 사망하면서 레오폴트 2세는 젊은 나이에 아버지의 후계자로 토
스카나 대공에 등극했다. 이후 그는 거의 25년간 토스카나대공국을 통
치했고, 자녀 16명 중 대부분을 토스카나에서 낳았다. 레오폴트 2세는
곧 뛰어난 재능을 바탕으로 시민의 삶과 공공 부문을 근본적으로 개혁
하는 데 앞장섰다. 이때 레오폴트 2세는 요제프 2세가 합스부르크 세습
영지에서 개혁에 나섰을 때보다 훨씬 현명하고 신중하게 개혁 정책을
추진한 덕분에 전반적으로 더 큰 성과를 보았고, 그 결과 토스카나대공
국을 유럽의 모범적인 계몽 국가로 발전시킬 수 있었다. 그는 농민들을
봉건제에서 벗어나게 해주었고 무역의 자유를 보장하는 한편, 사법 부
문에서 본질적인 개혁을 단행함으로써 법적 평등을 구현하고 사형과
고문, 비밀 조사 등을 철폐했다. 그는 또한 가톨릭 외의 종파와 유대인
에 대해 종교적 관용을 베푼 것은 물론이고 수많은 수도원을 학교나 병
원, 소년원 등으로 바꾸어놓았다.

　레오폴트 2세와 빈에 거주했던 가족들은 서로 자주 왕래했기 때문에
가족 사이의 관계는 돈독했다. 하지만 레오폴트 2세는 기본적으로 자
신과 비슷한 정치 목표를 추구했던 요제프 2세와는 관계가 어려운 편
이었다. 여러 방면에서 서로의 이해관계가 충돌했던 데다가 성격 차이
까지 있었기 때문인데, 레오폴트 2세는 형인 요제프 2세의 성격이 독재
자 같다고 생각했다. 이에 따라 레오폴트 2세는 형이 추구했던 관료제

중심의 중앙집권적 전제주의와 거리를 두는 한편, 대의제에 기초한 헌법을 토스카나에 도입하려고 노력했다. 이는 토스카나의 신분 대표자들이 전통적으로 누렸던 자치권과 국민들이 대표를 직접 선출하는 정치 형태를 접목하려는 시도였는데, 이때 레오폴트 2세가 모델로 삼은 것은 스위스의 칸톤(행정구역의 단위 중 하나) 제도와 1776년에 발의된 미국 펜실베이니아의 헌법이었다. 하지만 요제프 2세가 토스카나와 합스부르크 세습영지를 강제로 통합하려고 했던 탓에 시대를 한참 앞서 갔던 레오폴트 2세의 계획은 실현되지 못했다. 이외에도 요제프 2세는 레오폴트 2세의 장남인 프란츠(훗날 프란츠 2세)의 거처를 빈으로 옮기도록 했다. 요제프 2세는 장차 오스트리아의 계승자이자 황제에 등극할 프란츠가 자기 생각에 맞는 인물이 되도록 조카의 교육을 직접 지도할 계획이었다.

　1790년에 요제프 2세가 서거하자 레오폴트 2세는 토스카나에서 활동을 접고 합스부르크 세습영지를 물려받는 동시에 황제로 즉위했다. 하지만 요제프 2세가 펼친 가혹한 개혁 정치로 인해 신하들과 백성들의 불만은 쌓일 대로 쌓여 있었기 때문에 세습영지의 상황은 매우 불안정했다. 게다가 요제프 2세의 경직된 권력 정치에 자극을 받아 프로이센을 비롯한 강대국들까지 오스트리아의 반대편에 선 상황이었다. 이러한 난제들을 해결하기 위해 레오폴트 2세는 우선 세습영지 내에서 요제프 2세가 섣불리 시행했던 개혁 조치들을 철회했다. 대표적으로 세금 관련 개혁을 철회하고, 요제프 2세가 구축한 중앙집권적 관료

국가의 덩치를 최소화했다. 그 과정에서 레오폴트 2세는 요제프 2세의 근대화 정책으로 힘을 대부분 상실한 영방의회와 협력해 각 지방의 자치적 행정권을 다시 강화하는 쪽으로 방향을 선회했다. 또한 대외적으로는 프로이센과의 관계를 개선하여 오스트리아령 네덜란드의 반란 세력에 대한 프로이센의 지원을 중단시킬 수 있었다. 그 결과 레오폴트 2세는 오스트리아령 네덜란드에서 자신의 입지를 다지는 데 성공했다.

한편 레오폴트 2세는 처음에는 프랑스 혁명을 적극적으로 환영하는 모습을 보였다. 프랑스 혁명이 초기 단계에서 입헌주의를 표방했던 데다가 자신의 사상과 일치하는 부분도 많았기 때문이다. 그는 물론 프랑스 국왕과 자신의 여동생 마리 앙투아네트의 신변을 걱정하기는 했지만, 프랑스 혁명으로 초래될 위험을 오랫동안 과소평가했다. 1792년 2월에 이르러서야 레오폴트 2세는 프랑스와 맞서 프로이센과 동맹을 맺기 위해 움직이기 시작했다. 하지만 그는 이후 과정을 지켜보지 못하고 1792년 3월 1일에 갑작스럽게 세상을 떠나고 말았다. 정적들에게 독살당했다는 소문도 있었지만, 훗날 그의 사인은 늑막염으로 판명되었다.

당대 통치자 가운데 가장 근대적이며 진취적인 인물로 꼽히는 레오폴트 2세는 요제프 2세와 달리 자신의 미래지향적인 계획을 현실화하는 과정에서 사람들을 끌어들일 줄 알았다. 하지만 레오폴트 2세는 합스부르크 세습영지의 통치자이자 신성로마제국의 황제로서 1년 반 남짓밖에 통치하지 못했기 때문에, 그에게 주어진 시간은 절대적으로 부족했다. 그리고 레오폴트 2세가 아무리 더 오래 통치했다 하더라도 주도권이 프랑스 쪽으로 넘어가는 것은 막기 힘들었을 것이다.

# 11장

•

# 침체기와 과도기

### 나폴레옹 시대의 구舊합스부르크제국과
### 신新합스부르크제국

**프랑스 혁명과 대척점에 선 황제 프란츠 2세**

레오폴트 2세가 전성기를 맞이한 바로 그때 갑작스럽게 죽음을 맞이하면서 그의 필생의 작업도 미완성으로 남고 말았다. 계몽절대주의 사상에 따라 생활환경 전반에 지속적이며 온건한 변혁을 추구했던 그의 개혁 정치가 중단된 것이다. 레오폴트 2세가 1792년에 45세도 채 안 된 나이에 사망한 것은 순전히 우연에 불과했으나, 그가 서거한 시점은 역사적 대격변이 휘몰아치는 시기와 맞물려 있었다. 이로 인해 레오폴트 2세의 선구적인 통치방식이 계속해서 발전할 가능성은 1790년대 초반에 들어서서 급격하게 줄어들었다.

프랑스 혁명의 발발로 전례를 찾아볼 수 없는 극단의 시대가 열렸다.

한편으로는 프랑스에서 시작된 혁명의 불길이 공포정치를 불사하며 유럽을 휩쓰는 동안, 다른 한편으로는 프랑스 혁명에 반대하는 국가들이 반동주의 노선을 걷기 시작했는데, 특히 오스트리아에서 그 경향이 뚜렷이 나타났다. 레오폴트 2세가 더 오래 살았다고 해도, 이런 상황에서는 그조차 앙시앵 레짐(프랑스 혁명 이전의 구제도 또는 구체제)의 통치자 가운데 최고의 유망주로서 지켜왔던 자신의 역사적 이미지를 손상시키는 정책을 펼칠 수밖에 없었을 것이다.

이러한 난세에 레오폴트 2세의 아들인 프란츠 2세가 합스부르크 가문을 이끌게 되었다. 요제프 2세나 레오폴트 2세와 판이하게 달랐던 프란츠 2세는 그들보다 지적 소양이 다소 부족했을 뿐만 아니라 개혁에 대한 열의도 그들만큼 대단하지 않았다. 게다가 프란츠 2세는 프랑스 혁명의 대적자로 자신의 이름을 역사에 남기려 했고, 그의 이러한 의지는 시간이 지날수록 확고해졌다. 사실 레오폴트 2세의 짧았던 치세 후기도 프랑스에서 터진 사건들로 이미 얼룩져 있었다. 대표적인 예로 그의 여동생이자 프랑스 왕비였던 마리 앙투아네트를 둘러싼 사건들을 들 수 있다. 미숙하고 거만하게 행동함으로써 혁명 발발에 어느 정도 영향을 끼쳤던 마리 앙투아네트는 혁명에 취한 군중의 강압으로 루이 16세 일가와 함께 베르사유 궁전에서 파리로 거처를 옮겨야만 했다. 1791년 6월, 국왕 일가는 탈출을 시도했으나 다시 붙잡히면서 왕실을 향해 타오르던 분노에 기름을 부었다. 결국 국왕 일가는 옥에 갇히는 신세로 전락하고 말았다. 정략결혼으로 프랑스의 왕비가 된 마리 앙투아네트는 안 그래도 오스 트리아에서 건너온 한낱 외부인으로 치부되었는데, 외세의 군사 개입을 통해 프랑스의 왕권이 회복될 수 있으리라 기대했기 때문에 더욱더 궁지에 몰리게 되었다. 따라서 오스트리아의 합스부르크 친척들 입장에서는 파리에 갇힌 프랑스 왕가의 신변을 걱정할 수밖에 없었고, 이에 따라 프랑스 혁명

마리 앙투아네트. 마르틴 판 마이텐스 그림, 1767~1768년 사이, 쇤브룬 궁전 소장.

에 대한 합스부르크 가문의 적개심은 날로 커졌다. 레오폴트 2세가 죽은 지 며칠 지나지 않은 1792년 4월 20일, 프랑스가 급기야 오스트리아와 프로이센을 상대로 전쟁을 선포했다. 하지만 오스트리아와 프로이센은 이미 그전에 갈등 관계를 해소하고 서쪽에서 불어닥친 광풍에 맞서 방어 동맹을 체결한 상태였다. 이로써 합스부르크 가문과 프랑스 사이에 20년 이상 계속될 전쟁의 막이 올랐으며, 이것은 동시에 신성로마제국의 끝자락을 향한 첫 발자국이기도 했다. 이러한 위기 속에서 프란츠 2세가 신속하게 만장일치로 황제로 선출되었으나, 당시에 선견지명이 있었던 사람들은 프란츠 2세의 선출식이 역사상 마지막 황제 선출

식이 될 것임을 예감했다.

 1차 대對프랑스 동맹 전쟁 중 합스부르크 가문은 프랑스 국왕 일가의 석방을 주요 복표로 삼았지만, 1793년에 루이 16세와 마리 앙투아네드가 처형당하면서 계획은 틀어졌다. 더군다나 국왕 부부의 처형으로 전쟁의 열기는 빠르게 격해졌다. 그리하여 영국과 네덜란드, 에스파냐 등의 유럽 국가들까지 대프랑스 동맹에 합세한 반면, 프랑스에서는 혁명의 기세가 들불처럼 타올라 신병들이 대량으로 징집되었다. 한편 1차 대프랑스 동맹 전쟁은 양편이 일진일퇴를 거듭하는 양상으로 전개되었다. 한때 동맹군은 프랑스 깊숙이 침투했으나, 혁명군이 반격에 성공하면서 오히려 프랑스가 독일 영토를 침공하기 시작했다. 그러는 와중에 동맹군 안에서 첫 내분이 일어났다. 1793년, 프로이센이 러시아와 손을 잡고 2차 폴란드 분할에 착수하는 과정에서 오스트리아를 배제했기 때문이다. 이 탓에 대프랑스 동맹에 균열이 생겼고, 1795년에 프로이센은 프랑스와 바젤 평화조약을 체결함으로써 동맹에서 이탈했다. 프랑스는 바로 이 기회를 틈타 오스트리아를 수세에 몰아넣었다. 이때 프랑스군은 오스트리아의 심장부까지 파고들진 못했으나, 대신 이탈리아에서 케른텐으로 진격할 수 있었다. 1797년, 캄포포르미오 평화조약이 체결됨으로써 5년간 계속된 전쟁이 마침내 종결되었다. 프랑스는 협상에서 우위를 점하며 제국의 라인강 서쪽에 입지를 마련한 반면, 오스트리아는 이탈리아 영토는 물론이고 포더외스터라이히의 브라이스가우와 오스트리아령 네덜란드를 포기해야만 했다. 하지만 캄포포르미오 평화조약이 체결되기 2년 전인 1795년, 오스트리아는 3차 폴란드 분할의 결과 크라쿠프와 갈리치아 서부를 획득함으로써 동쪽으로 영토를 넓힐 수 있었다.

프란츠 2세는 비록 전쟁에서 패했으나, 그렇다고 프랑스의 세력 확장을 가만히 받아들일 생각은 전혀 없었다. 캄포포르미오 평화조약이 체결된 지 1년 후인 1798년, 영국의 지원을 등에 업은 오스트리아는 프로이센을 제외하고 러시아를 비롯한 다른 열강들과 2차 대프랑스 동맹을 결성했다. 2차 대프랑스 동맹에 맞섰던 인물은 당시 근동 지역에서 주로 활동한 나폴레옹이었는데, 그는 1차 대프랑스 전쟁 때보다 훨씬 강력한 적수로 성장해 있었다. 이때 동맹국들 사이에 불협화음이 일어난 데다가 나폴레옹의 뛰어난 군사적 재능이 더해지면서 프랑스는 이번에도 승기를 잡았다. 이에 따라 프랑스는 1801년에 뤼네빌 평화조약을 체결하는 과정에서 다시 한번 오스트리아 측에 협상 조건을 강요할 수 있었고, 라인강 서안의 점령 지역을 완전히 합병하기에 이르렀다. 대신 라인강 서안에서 프랑스에게 영토를 빼앗긴 제국 제후들에겐 라인강 동안에서 보상해주기로 합의했다.

**구제국의 종말**

1803년, 제국 대표자 회의 최종 결의안Reichsdeputationshauptschluss 채택으로 제국 제후들에게 실제로 영토적 보상이 이루어지면서 독일 영토에 지각변동이 일어났다. 수많은 교구가 세속화되었으며, 그 과정에서 교회의 땅과 각종 문화유산은 물론이고 교회가 공익을 위해 수행했던 기능들까지 막대한 피해를 입었다. 게다가 몇몇 예외를 제외하면 대부분의 제국도시들과 작은 세속 영지들마저 자치권을 상실했으며, 이 기회를 이용해 몸집을 불린 주변의 큰 영방국가에 편입되고 말았다. 결과적으로 라인강 동안에서 112개 지역을 통치하던 제국의 신분 대표자들이 역사 속으로 사라져버렸고, 중세부터 존재했던 셀 수 없이 많은 제국의 군소 지역들이 생존 능력을 갖춘 새로운 영방국가에 흡수되었다. 특히 독일 남부에서 현재 독일 연방주州의 기초가 되는 경계선이 이때 윤곽을 드러내게 되었다. 또한 나폴레옹의 합병으로 라인강 유역의 선제후국들이 파멸을 맞이했고, 그들을 대신해서 바덴과 뷔르템베르크, 헤센-카셀, 잘츠부르크 등 네 개의 영방국가들이 선제후국으로 새롭게 승격되었다.

이러한 선제후 구성의 변화는 선제후 회의에서 개신교 진영이 우위를 차지하게 되었다는 점에서 상징적 의미가 있었다. 이로 인해 로마와 가톨릭 전통에 뿌리를 두었던 제국 체제와 충돌이 일어날 수밖에 없었으나, 실제 의미는 크지 않았다. 제국 대표자 회의 최종 결의안으로 구제국의 법적·정치적 근간이 완전히 뒤흔들리면서 어차피 제국의 최후가 코앞으로 다가왔기 때문이다. 결국 몇 년 사이에 큰 사건들이 연이어 일어나면서 제국은 종말을 고했다. 우선 1804년에 나폴레옹이 자신을 '프랑스인의 황제'로 선포했다. 이에 대한 반작용으로 프란츠 2세는 보헤미아를 포함한 합스부르크의 세습영지를 하나로 합쳐 오스트리아 제국Kaisertum Österreich을 세웠다. 국법상 오스트리아제국은 완전히 새로운 창조물이었고 신성로마제국의 전통과 직접적인 연관성도 크지 않았다. 가장 큰 차이점은 황위를 물려주는 방식이었다. 신성로마제국의 황제가 선출을 통해 정해졌다면, 오스트리아제국의 황위는 합스부르크 가문의 일원들이 세습했다. 더군다나 프란츠 2세는 오토 1세 시대에 만들어진 황제관을 비롯한 제보帝寶〔황제관, 홀笏, 보주 등 신성로마제국 통치자의 상징물)를 나폴레옹의 손아귀로부터 지켜내기 위해 뉘른베르크에서 빈으로 가져오게끔 했는데, 그가 정작 오스트리아제국의 상징물로 사용한 것은 1602년에 루돌프 2세가 제작한 합스부르크 가문의 왕관이었다. 또한 그는 신성로마제국 황제 '프란츠 2세'였으나, 오스트리아제국의 초대 황제 '프란츠 1세'로 즉위해 1804년부터 1806년까지 짧은 기간 동안 두 황제관과 두 황위를 동시에 거머쥔 이중 황제로 군림했다.

그 사이 나폴레옹은 라인강 서안에서 합병한 지역들을 넘어 독일 전역으로 영향력을 확장해나갔다. 1805년, 프로이센이 다시 한번 중립을 지키는 가운데 3차 대프랑스 동맹 전쟁이 발발했고, 이때 나폴레옹이 아우스터리츠 전투에서 대승을 거두면서 전황은 또다시 프랑스에 유리한 방향으로 전개되었다. 전쟁이 시작되기 직전에 나폴레옹의 보호 아래 영토가 새롭게 재편된 독일 남부와 중부의 영방국가들(바이에른, 바덴, 뷔르템베르크, 헤센 등)은 전쟁이 일단 터지자 나폴레옹의 편에 서서

오스트리아 황제복을 입고 있는 프란츠 1세의 모습. 루돌프 2세 때 만들어진 왕관을 쓰고 있으며 한 손에는 홀을 들고 있다. 목에는 자신이 기사단장으로 있던 오스트리아 기사단 네 곳의 목걸이가 보인다. 프리드리히 폰 아메를링 그림, 1832년, 빈 황실보물관 소장.

싸웠다. 바로 이 몇 개의 영방국가들이 오스트리아의 영토 상실로 큰 이득을 챙겼다. 대표적인 수혜자 중 하나는 티롤을 챙긴 바이에른인데, 바이에른은 오히려 티롤 백성들과 심한 마찰을 빚어 현지의 반발심을 강하게 자극했다.

한편 3차 대프랑스 동맹 전쟁의 결과 프랑스 편에 섰던 영방국가들이 나폴레옹의 주도로 라인 동맹Rheinbund을 결성했다. 출범 당시인 1806년에 16개의 영방국가가 가입했는데, 시간이 지나면서 그 수는 점차 늘어났다. 오스트리아와 프로이센만 라인 동맹과 거리를 둔 상황이었기 때문에 제국의 분열 현상은 가속화할 수밖에 없었다. 게다가 라인 동맹이 제국을 탈퇴하고 나폴레옹과 뜻을 같이하겠다고 나서면서 제국은 점차 한계점에 이르렀다. 이 와중에 바이에른과 뷔르템베르크, 작센의 제후들이 왕으로 승격됨에 따라 독보적 지위를 인정받게 되었다. 이와 같이 내부적으로 사분오열된 상황이 제국 해체에 결정적 요인으로 작용했다.

1806년 8월 6일, 프란츠 2세는 라인 동맹이 제국을 탈퇴하겠다고 선언한 지 며칠 만에 구제국의 황제관을 마침내 내려놓았다. 카롤루스 왕조 때 건국의 기초가 세워진 이후로 약 천 년, 그리고 오토 대제 때 독일 땅을 중심으로 기틀이 만들어진 이후로 약 850년 동안 지속되어온 신성로마제국이 무너지고 만 것이다. 이로써 합스부르크제국은 오스트리아로 제한된 새로운 토대 위에 그 명맥을 이어나갔다.

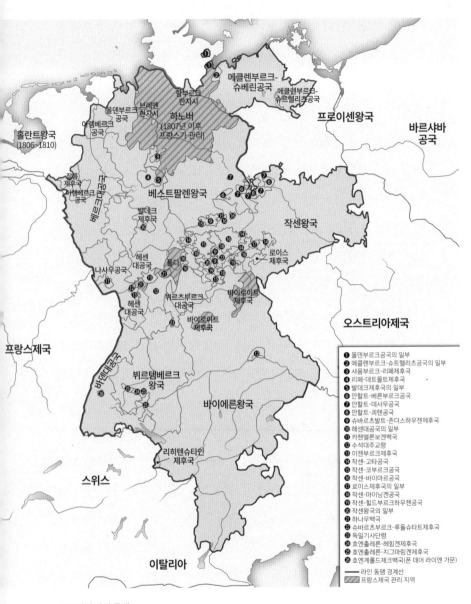

메클렌부르크-
슈베린공국

메클렌부르크-
슈트렐리츠공국

프로이센왕국

바르샤바
공국

함부르크
한자시

올덴부르크
공국

브레멘
한자시

하노버
(1807년 이후
프랑스가 관리)

아렘베르크
공국

홀란트왕국
(1806~1810)

잘름
제후국

아렘베르크
공국

오버마르크대체

베스트팔렌왕국

작센왕국

발데크
제후국

헤센
대공국

풀다

로이스
제후국

나사우공국

바이로이트
제후국

헤센
대공국

뷔르츠부르크
대공국

오스트리아제국

프랑스제국

바덴대공국

바이로이트
제후국

뷔르템베르크
왕국

바이에른왕국

리히텐슈타인
제후국

스위스

이탈리아

① 올덴부르크공국의 일부
② 메클렌부르크-슈트렐리츠공국의 일부
③ 샤움부르크-리페제후국
④ 리페-데트몰트제후국
⑤ 발데크제후국의 일부
⑥ 안할트-베른부르크공국
⑦ 안할트-데사우공국
⑧ 안할트-쾨텐공국
⑨ 슈바르츠발트-존더스하우젠제후국
⑩ 헤센대공국의 일부
⑪ 카첸엘른보겐백국
⑫ 수석대주교령
⑬ 이젠부르크제후국
⑭ 작센-고타공국
⑮ 작센-코부르크공국
⑯ 작센-바이마르공국
⑰ 로이스제후국의 일부
⑱ 작센-마이닝겐공국
⑲ 작센-힐드부르크하우젠공국
⑳ 작센왕국의 일부
㉑ 하나우백국
㉒ 슈바르츠부르크-루돌슈타트제후국
㉓ 독일기사단령
㉔ 호엔촐레른-헤힝겐제후국
㉕ 호엔촐레른-지그마링겐제후국
㉖ 호엔게롤트제크백국(폰 데어 라이엔 가문)

――― 라인 동맹 경계선
▨▨ 프랑스제국 관리 지역

1808년의 라인 동맹

196

## 권력의 최정점에 도달한 나폴레옹

프란츠 1세(전 신성로마제국 황제 프란츠 2세)는 나폴레옹이 중부 유럽의
패권자이자 개혁가로 부상하는 것을 막을 도리가 없었다. 프로이센과
러시아가 주축이 되어 1806년에서 1807년까지 4차 대프랑스 동맹 전
쟁을 벌였으나, 나폴레옹은 예나-아우어슈테트 전투에서 압승을 거둠
으로써 자신의 천재적인 군사 재능을 이번에도 유감없이 발휘했다. 그
여파로 나폴레옹의 철퇴를 맞은 프로이센은 서쪽 지역을 프랑스에 내
놓고 엘베강까지 물러나야 했다. 하지만 이러한 뼈아픈 패배는 프로이
센에 일종의 충격요법으로 작용했다. 슈타인 남작과 하르덴베르크 남
작을 중심으로 생활환경 전반에 걸쳐 광범위한 개혁이 이루어지면서
프로이센에서 근대화의 바람이 세차게 불었던 것이다. 반대로 합스부
르크 군주국 안에서는 이와 같은 근대화 열풍을 찾아볼 수 없었다. 개
혁 사례는 손에 꼽을 정도였고(1803년의 형법전과 1811년의 민법전 편찬),
심지어 요제프 2세가 교육 제도에 도입한 개혁 조치 가운데 상당수가
다시 무효화되었다. 오스트리아제국은 이와 같은 격동기에 근대화의
물결에 휩쓸리기를 원치 않았던 것이다. 더군다나 프란츠 1세는 정면
돌파를 시도해 자기 나라를 미래지향적으로 발전시킬 인물이 아니었
다. 프로이센 외에 프랑스에 합병된 라인강 서안 지역과 라인 동맹도
나폴레옹과 그의 총독들, 그리고 나폴레옹에게 협력했던 현지 제후들
의 주도 아래 근대화의 길로 접어들었는데, 오스트리아만 멀찌감치 떨

말을 탄 나폴레옹. 지몬 마이스터 그림, 1832년, 트리어 시립박물관 지메온 수도원 소장.

어져서 다른 노선을 걸었다.

1809년, 프란츠 1세는 또다시 나폴레옹을 상대로 전쟁을 일으키는 한편, 나폴레옹에게 저항하는 운동들을 뒤에서 부추겼는데, 대표적으로 안드레아스 호퍼의 주도로 티롤에서 일어난 반란을 부채질했다. 하지만 5차 대프랑스 동맹 전쟁마저 승리로 이끈 나폴레옹은 쉰브룬 궁전에서 프란츠 1세에게 평화조약을 강요했고, 오스트리아는 또다시 많은 영토를 할양하는 동시에 막대한 전쟁 배상금을 지불하며 군대의 규모를 축소해야만 하는 수모를 겪었다.

이렇게 오스트리아까지 나폴레옹의 영향력 아래 놓이게 되었고, 나폴레옹의 독주는 끝날 기미가 보이지 않았다. 하지만 이때 프란츠 1세는 클레멘스 벤첼 폰 메테르니히라는 인재를 발탁했다. 메테르니히는 처음에는 나폴레옹과의 동맹을 강화했으나, 이후 나폴레옹에 대항하는 정책을 펼침으로써 보다 큰 업적을 남겼고, 나폴레옹 시대 이후 오랜 시간 유럽의 외교 정책을 좌지우지했다. 1809년, 프란츠 1세는 외교관으로 두각을 드러낸 메테르니히를 외무장관에 임명했다. 자신을 세계시민이라고 생각한 메테르니히는 높은 수준의 교양과 지성을 겸비한 고위 귀족이었다. 유럽 국가들 간의 전체적인 역학 관계를 고려하는 동시에 상황을 장기적인 안목으로 바라볼 줄 아는 그는 금방 탁월한 정치가로 성장했다. 이러한 점에서 볼 때 메테르니히는 불안감에 젖어 소심하게 행동한 프란츠 1세보다 한 수 위였다. 따라서 메테르니히가 향후 수십 년 동안 오스트리아의 정책을 지휘한 것은 당연한 결과였다. 그는 당대의 유럽 국가 체제 안에서 평화와 안정을 가장 우선시했기 때문에 모든 종류의 혁명과 낭만주의 운동, 내셔널리즘 운동을 억압하는 데 앞장섰다. 바로 이러한 측면에서 메테르니히는 프란츠 1세와 뜻이 맞았다. 두 명 모두 기존의 체제와 위계질서를 변화시키려는 어떠한 움직임도 용납하지 않았기 때문이다.

1809년의 패배 이후 오스트리아는 국가 파산까지 겹쳐 더욱더 깊은 수렁에 빠졌다. 이러한 난국에서 메테르니히는 우선 승승장구하던 나폴레옹과 동맹을 추진했다. 당시에 나폴레옹은 첫 결혼에서 후사를 얻지 못하자 아내 조제핀 드 보아르네와 이혼하고 프랑스 제정에 정당성을 부여해줄 재혼 후보자를 찾고 있는 상태였다. 러시아 여대공 안나 파블로브나와 결혼하려 했으나 그녀의 어머니인 황태후 마리야 표도로브나의 반대로 무산되자 나폴레옹은 프란츠 1세의 장녀인 마리아 루도비카(프랑스어로 마리 루이즈)를 결혼 상대자로 점찍었다. 프란츠 1세는 딸을 원수와 결혼시키는 데 처음에 반대했으나, 메테르니히가 나폴레옹과의 결혼이 가져다줄 이득을 강조하며 프란츠 1세를 설득해냈다. 이렇

클레멘스 벤첼 폰 메테르니히, 토머스 로렌스 그림,
1820~1825년 사이, 빈 미술사박물관 소장.

게 해서 결혼식이 1810년에 거행되었으며, 그로부터 1년 후에 세상에 나온 아들〔나폴레옹 2세〕은 태어난 직후 로마 왕으로 봉해졌다. 이처럼 유럽에서 역사가 오래되고 첫째가는 통치 가문으로 꼽히는 합스부르크 가문과 긴밀하고 평화로운 관계가 계속되자 나폴레옹은 조만간 자신의 입지를 간접적으로나마 인정받을 수 있으리라고 기대했다. 하지만 이를 두고 프랑스의 역사가 앙드레 모루아 같은 사람들은 "나폴레옹은 대혁명의 화신으로 출발해 기어코 마리 앙투아네트의 질녀와 침실을 함께 쓰는 것으로 끝을 본 셈이었다"라고 악평했다.[*]

마침내 나폴레옹은 권력의 정점에 다다랐다. 하지만 이때 나폴레옹은 인생의 전환점이자 재앙이 된 원정을 시작했다. 바로 1812년의 러시아 원정이었다. 나폴레옹 전쟁 중 가장 많은 병력이 동원된 러시아 원정에 오스트리아는 병력 3만 명을 지원하는 방식으로 프랑스에 협

---

[*] 앙드레 모루아 지음, 신용식 옮김,《프랑스사》, 김영사, 2016, 530쪽에서 인용했다.

력해야만 했다. 하지만 프랑스군은 멀리 떨어진 동쪽 땅에서 혹독한 추위에 떨며 처참한 패배를 맛보았고, 혜성같이 등장했던 나폴레옹은 이를 기점으로 내리막길을 걷기 시작했다. 나폴레옹을 공공연하게 적대시한 국가들은 물론이고 그전까지 이빨을 드러내지 못했던 국가들까지도 이제 프랑스와 결판을 낼 절호의 기회를 얻었다. 이때 영국의 지원을 받은 프로이센이 러시아와 동맹을 맺고 나폴레옹을 무찌르기 위한 전쟁을 진두지휘했다. 반면 오스트리아는 망설이는 모습을 보였다. 결혼이라는 방식은 전통적으로 약효가 뛰어났는데, 나폴레옹과 맺은 결혼 관계가 어느 정도 효과를 거둔 셈이었다. 특히 메테르니히는 국가 재정이 파탄에 이르러 함부로 움직일 수 없었던 오스트리아의 상황을 고려해 우선 나폴레옹과 타협을 도모했다. 하지만 1813년 여름, 오스트리아도 끝내 대프랑스 동맹에 합세했다. 그리고 같은 해 10월, 라이프치히에서 승패를 가를 대규모 결전이 발생했고, 이곳에서 패한 나폴레옹은 독일에서 완전히 손을 뗄 수밖에 없었다.

이때까지만 하더라도 메테르니히는 나폴레옹이 프랑스 내에서 권력을 유지하는 방향으로 전쟁을 마무리하려고 했으나, 나폴레옹은 물러설 의사가 전혀 없었다. 하지만 이번만큼은 나폴레옹도 자신의 실력을 과신하는 실수를 저질렀다. 상황이 이렇게 되자 대프랑스 동맹국들은 프랑스 침공을 개시했고 파리까지 진격을 멈추지 않았다. 이로써 대프랑스 동맹국들은 나폴레옹의 시대에 잠시나마 종지부를 찍는 데 성공했고, 나폴레옹을 권좌에서 끌어내린 후 엘바섬으로 유배했다. 한편 프랑스에서는 부르봉 왕가가 권력을 다시 손에 넣었다.

## 빈 회의

이제 메테르니히가 본격적으로 나설 차례가 왔다. 프랑스 혁명과 나폴
레옹 전쟁으로 수십 년 동안 계속된 대혼란의 시기가 지나간 후, 메테
르니히는 유럽의 질서를 재편하고자 빈에서 대규모 회의를 개최했다.
그는 평화를 지속적으로 정착시키기 위해 유럽 열강들 사이의 세력 균
형을 반드시 새롭게 조율해야 한다고 판단한 한편, 적의에 찬 보복주
의를 멀리했다. 패전국인 프랑스에서는 영리한 외무장관이자 앙시앵
레짐부터 프랑스 혁명기와 나폴레옹 시대를 거쳐 권좌에 복귀한 부르
봉 왕가에 이르기까지 여러 주인을 섬긴 탈레랑이 참석했다. 이후 프랑
스는 유럽 국가 공동체에서 자리를 공고히 유지할 터였다. 러시아에서
는 황제 알렉산드르 1세가, 프로이센에서는 국왕 프리드리히 빌헬름
3세가 참석했으며 영국에서는 외무장관 로버트 스튜어트가 자리를 함
께했다. 이외에도 여러 국가와 제후, 도시 및 기타 단체까지 포함해 약
200곳에서 사절단을 보냈다. 이처럼 수많은 이해당사자가 모인 가운
데 복잡하게 얽혀 있는 이해관계를 조정하기 위해서는 고도의 외교술
이 필요했다. 심지어 나폴레옹과 맞서 공동으로 전쟁을 벌였던 국가들
사이에서도 유럽 지도의 개편 방향에 대해서 의견이 크게 갈리는 상황
이었다. 오스트리아는 협상 과정에서 영토 일부를 내주는 동시에 영토

를 회복했다. 네덜란드를 최종적으로 포기하고 브라이스가우와 그 주변 지역을 바덴과 뷔르템베르크에 넘기는 대신, 나폴레옹 전쟁 와중에 빼앗긴 방대한 영토를 되찾은 것이다. 대표적으로 티롤과 포어아를베르크, 케른텐, 크란스카, 트리에스테, 갈리치아, 밀라노, 베네토, 잘츠부르크, 인피어텔 등을 돌려받았다. 이로써 오스트리아는 강대국의 위상을 재확립할 수 있었다. 하지만 많은 영토를 획득한 것은 오스트리아만이 아니었다. 무엇보다 프로이센이 라인강 유역에서 트리어선제후국과 쾰른선제후국, 아헨, 율리히, 베르크 등을 접수함으로써 독일 서쪽에서 강력한 세력을 구축했다. 프로이센은 훗날 오스트리아와 함께 독일의 양대 산맥을 이루는데, 그 덩치와 모양새는 이때 형성되었다고 볼 수 있다.

한편 빈에서 회의가 한창 진행되고 있을 무렵, 나폴레옹이 유배지를 탈출해 1815년 3월 1일에 프랑스 남부에 도착했다. 단숨에 파리에 도착한 나폴레옹은 권력을 되찾기 위해 전력을 다했고, 군대를 동원한 후 북쪽으로 이동해 워털루에서 영국의 육군원수 웰링턴을 상대로 전투를 벌였다. 최종 의정서 체결로 빈 회의가 끝난 지 열흘 만인 1815년 6월 18일에 일어난 일이었다. 이때 영국을 지원하기 위해 프로이센의 원수 블뤼허가 원군을 이끌고 속히 전장에 도착했다. 여기서 연합군에게 패배한 프랑스군은 완전히 와해되고 말았다. 그리고 다시는 헤어날 수 없는 나락으로 떨어진 나폴레옹은 세인트헬레나섬으로 추방되어 영국의 철저한 감시를 받으며 모든 정치활동에서 차단된 채 남은 생을 보냈다. 나폴레옹의 재기를 위한 몸부림은 결국 피비린내 나는 막간극으로 끝나버렸다. 이후 빈 회의에서 수립된 새로운 국제 질서는 원칙적으로 계속 유지되었으며, 프랑스는 애초 합의했던 것보다 영토를 조금 더 잃고 전쟁 배상금을 추가로 지불해야만 했다.

## 독일연방

빈 회의는 외교적 차원에서 중요했을 뿐 아니라 독일 내부의 상황을 새롭게 정리하는 데에도 큰 역할을 했다. 빈 회의의 결과 1806년에 해체된 구제국이 복구된 것은 아니었기 때문에 황위도 되살아나지 못했다. 이에 따라 합스부르크제국 역시 세습영지에 국한된 모습으로 유지되었다. 하지만 구제국을 대신해서 독일연방Deutscher Bund이 결성되었으며, 이때 주권이 있는 37명의 제후와 네 개의 자유도시(프랑크푸르트, 브레멘, 함부르크, 뤼베크)가 여기에 참여했다. 최상위 기관으로 각국의 대표자들로 구성된 연방의회가 프랑크푸르트에 설치되었으며 의장국은 오스트리아가 맡았다. 또한 독일연방은 각국이 파견한 병력으로 연방군을 운영했다. 독일연방의 경계선은 구제국의 경계선과 대략 일치했기 때문에 합스부르크제국의 영토 전체가 독일연방에 속한 것은 아니었다. 다시 말해서 합스부르크 가문이 폴란드와 헝가리, 이탈리아에 가지고 있던 영토는 독일연방에서 제외된 것이다. 프로이센이 동프로이센과 서프로이센에 갖고 있는 광활한 영토도 독일연방의 경계선 밖에 있었다. 1848년과 1849년 사이 오스트리아제국에 대한 충성심에 균열이 생긴 것은 이러한 배경에서 비롯되었다.

한편 국내 정치적으로 봤을 때, 앙시앵 레짐의 몇몇 군주들이 계몽절대주의에 따라 펼친 근대화 정책과 프랑스 혁명으로 야기된 변화들을 더이상 외면할 수 없었다. 이러한 상황을 고려해 빈 의정서는 독일연방의 참가국들로 하여금 영방신분헌법Landständische Verfassung을 제정하도록 했고, 그 결과 절대군주제에서 입헌군주제로 가는 길이 열렸다.

하지만 참가국들은 내부 개혁의 기회를 각각 다르게 활용했다. 대부분의 중소 영방국가는 1814년 이후 적극적으로 헌법을 마련했고, 특히 바덴은 1818년에 모범적인 헌법을 도입했다. 반면 독일연방의 쌍두마차와도 같았던 오스트리아와 프로이센에서는 헌법이 발효되지 않았다. 오스트리아의 경우 1821년부터 국가재상Staatskanzler으로 활동한 메테르니히와 황제 프란츠 1세의 머릿속에 나폴레옹과 대립하면서 얻은 경험들이 깊이 각인되어 있었던 탓이다. 나폴레옹에 대항해 해방 전쟁이 벌어지는 와중에 역사상 처음으로 독일 내셔널리즘 운동이 힘차게 고개를 들었으나, 동시에 나폴레옹의 영향으로 자유주의와 시민민주주의가 이제 막 퍼져나간 상태였다. 프란츠 1세와 메테르니히는 바로 이런 내셔널리즘과 자유주의를 당대의 심각한 위험 요소로 간주했다. 그들은 구시대의 정통주의적 질서 이념과 기독교적 권위에 바탕을 둔 군주제를 고수했고, 특히 귀족적 세계시민주의의 화신이었던 메테르니히에게는 '자유를 향한 열망'이나 '개별 민족의 자결권' 같은 개념들이 낯설게 느껴졌을 것이 분명하다. 따라서 프란츠 1세와 메테르니히는 독일에서도 서서히 모습을 드러낸 부르주아 계층을 자신들의 세력권 안으로 끌어들이려고 하지 않았을 뿐 아니라, 부르주아 계층에게 정치적으로 성장할 수 있는 기회도 주려고 하지 않았다. 메테르니히는 무엇보다 독일연방 의장국의 지도자로서 처음부터 모든 종류의 혁명 운동을 무자비하게 탄압했다. 당시 혁명 운동은 주로 대학생들이 이끌었는데, 대표적인 대학생 단체로 부르셴샤프트Burschenschaft가 있었다. 1819년에는 독일의 대학생 카를 루트비히 잔트가 러시아 총영사 코체부를 암살하는가 하면, 1833년에는 대학생들이 프랑크푸르트 경비대를 습격하는 사건이 일어났다. 이러한 움직임에 대응하기 위해 메테르니히는 검열 조치를 강화하고, 엄중한 처벌을 내리며 비밀경찰을 조직하는 등 여러 가지 조치를 취했다. 그는 또한 1830년에 프랑스에서 7월 혁명이 시작되자 깊은 우려를 표했고, 그리스의 반反오스만튀르크 운동과 같은 내셔널리즘 운동이 일어나 자유주의자들이 환호를 보낼 때 비판의 목소리를 높였다.

한편 황제 프란츠 1세는 뛰어난 정치적 추진력을 보여준 메테르니히의 방침을 점차 따르게 되었다. 이로 인해 프란츠 1세는 시대의 흐름을 통제했을 뿐 아니라, 역사가 후고 한치의 말을 빌리자면 "역동적인 힘을 가로막는 댐"과 같은 역할을 했다. 그는 자신의 후계자에게 "통치하되 아무것도 바꾸지 말라"는 유언을 남겼을 정도다. 그는 비록 엄격한 군주제의 필요성을 절감했으나, 귀족으로서 막강한 권력을 과시하거나 호화로운 모습으로 사람들 앞에 나서는 것을 좋아하지 않았다. 프란츠 1세는 오히려 자신의 대가족과 함께 평범한 시민에 가까운 생활을 했는데, 이는 삼촌이었던 요제프 2세의 생활방식을 어느 정도 따라한 것이었다. 사교성이 많았던 그는 기독교적 박애주의 정신에 따라 자선활동에 적극적으로 나섰다. 이런 모습 덕분에 프란츠 1세는 오스트리아 백성들의 신망을 한 몸에 받았고 빈에서는 '착한 황제 프란츠'라는 별칭까지 얻었다. 1835년에 프란츠 1세는 43년의 치세를 뒤로하고 마침내 생을 마감했다. 그는 총 네 번 결혼했으나, 두 번째 결혼을 통해서 얻은 자녀들만 생존했다. 프란츠 1세는 두 번째 부인인 나폴리-시칠리아왕국의 마리아 테레사와 무척 행복한 결혼생활을 누렸는데, 둘은 친가 쪽으로나 외가 쪽으로나 사촌 관계였다.

프란츠 1세와 마리아 테레사 사이에 자녀가 많이 태어났을 뿐 아니라 방계 가족 쪽에도 자녀들이 충분히 있었지만, 그럼에도 불구하고 곧 후계자 문제가 대두되었다. 프란츠 1세의 첫아들인 페르디난트[훗날 페르디난트 1세)가 정신적·육체적 결함이 있어서 독자적으로 통치하기에는 제약이 많았기 때문이다. 하지만 난처한 상황 속에서도 메테르니히는 프란츠 1세에게 정통성의 원칙을 따라야 한다고 조언했다. 법적 상속 원칙을 지킴으로써 합스부르크 가문의 부계 친족 사이에 알력이 생기는 것을 사전에 막기 위해서였다. 이에 따라 프란츠 1세는 통치위원회를 설치해 자신의 막냇동생이자 보수 성향이 짙은 루트비히 요제프 (1784~1864) 대공을 비롯해서 국가재상 메테르니히와 내무장관 콜로

오스트리아제국 황제 페르디난트 1세. 레오폴트 쿠펠비저 그림, 1847년, 쇤브룬 궁전 소장.

브라트를 위원으로 두었다. 이렇게 통치위원회가 구성됨에 따라 메테르니히는 자신이 계속해서 영향력을 행사할 수 있으리라 기대했다. 하지만 프란츠 1세가 막상 서거하자 통치위원회는 원활하게 돌아가지 않았다. 메테르니히와 콜로브라트는 대립했고, 위원장을 맡았던 루트비히 요제프는 추진력이 부족한 데다가 주변의 영향을 쉽게 받는 인물이었기 때문이다. 결국 루트비히 요제프는 형들인 카를과 요한의 반대에 부딪히고 말았다. 둘은 루트비히 요제프보다 능력이 더 뛰어났음에도 불구하고 프란츠 1세가 자신들을 제치고 막냇동생을 통치위원장으로 삼은 것에 불만을 품고 있었다. 이 가운데 요한은 훗날 프랑크푸르트의 파울 교회에서 열린 국민의회를 통해 제국섭정 Reichsverweser으로 임명되었다.

이렇게 정세가 불안정한 가운데 합스부르크 가문의 통치기는 메테르니히의 지휘 아래 마지막 단계로 접어들었다.

# 12장

●

# 프란츠 요제프 1세의
# 오스트리아 통치

1848~1916년

## 1848년 혁명과 메테르니히의 최후

1848년 독일 3월 혁명은 합스부르크 가문의 역사에서 중요한 분수령이 되었다. 3월 혁명으로 메테르니히 체제가 붕괴한 데 이어 프란츠 요제프 1세가 오스트리아제국의 황제로 즉위했기 때문이다. 하지만 빈에서도 한때 거세게 타오른 혁명 운동의 불꽃은 처음에는 큰 변화를 일으키지 못했다. 이른바 기존 체제와의 단절보다 메테르니히 시대와 프란츠 요제프 1세 시대 사이의 연속성이 더 강력하게 작용한 탓이었다. 빈 체제를 수립한 메테르니히는 3월 혁명 전前시대에 증오의 대상이 되었다. 메테르니히는 국제적 차원에서 봤을 때 유럽 열강들 사이에 평화 체제를 구축하는 데 성공했으나, 자결권을 주장하는 내셔널리즘 운동

오스트리아제국 황제 프란츠 요제프 1세. 프란츠 사버 빈터할터 그림, 1865년, 빈 미술사박물관 소장.

을 무시하고, 공동 결정권과 헌법적 권리를 요구하는 부르주아 계층의 목소리를 귀담아듣지 않았을 뿐 아니라, 점점 심각해지는 하층민의 사회적 궁핍을 개선하는 데에도 전혀 신경쓰지 않았다. 대내외적 위협을 막고 국가를 안전하게 보호하는 것 자체를 목적으로 삼은 메테르니히는 결국 경직된 당국을 상징하는 아이콘으로 전락했다.

한편 비더마이어Biedermeier* 풍조가 만연했던 빈에서도 이제 부르주아 계층이 자리잡기 시작했고, 이들 사이에 여러 가지 정치사상이 차츰 퍼져나갔다. 또한 합스부르크 가문 아래에 하나로 묶여 있던 다양한 민족 사이에서도 불만이 쌓여갔다. 이에 따라 1848년 이전에 이미 지역 단위에서 봉기가 잇따라 일어났는데, 대표적인 예로 갈리치아를 들 수 있다. 특히 1847년의 대흉작으로 기아와 경제적 빈곤이 들이닥치면서 중부 유럽 전역에 긴장감이 크게 고조되었다. 이러한 상황에서 혁명의 방아쇠를 당긴 것은 또다시 프랑스였다. 1848년 2월에 프랑스에서 혁명이 시작된 이후, 같은 해 3월에 독일연방의 모든 주요 도시에서 혁명이 폭발해 내셔널리즘과 자유주의, 사회주의를 부르짖는 운동들이 독일 전역으로 번졌다. 독일 사회에서 여전히 소수에 불과했던 부르주아 계층이 3월 혁명 운동을 주도한 것은 사실이나, 이제 많은 민중까지 합세해 거리로 몰려나갔고 부르주아 계층에 힘을 실어주었다. 이로 인해

---

* 독일의 3월 혁명 이전 시대의 문화 및 예술 양식으로, 정치적 반동에 대한 환멸로 조촐하고 평화로운 환경을 즐기려는 경향과 과거의 낭만적인 세계로 도피하려는 경향이 특징이다.

독일연방 각지의 제후들은 자유주의적 성향을 지닌 인재들을 임명하지 않을 수 없었고 이른바 3월 내각을 수립하기에 이르렀다. 또한 베를린과 빈, 프랑크푸르트와 같은 도시들이 이제 막 시작된 혁명의 중심지로 떠올랐다. 이렇게 혁명이 들끓자 반동 정치의 확고한 우두머리이자 수호자와도 같았던 메테르니히는 1848년 3월 13일에 해임되어 영국으로 망명을 떠나야 했다. 메테르니히의 실각은 상징적 의미가 대단히 컸다. 하지만 그가 일단 물러나자 연약한 황제였던 페르디난트 1세는 서로 경쟁하던 세력들과 이해관계자들의 놀잇감으로 빠르게 추락했고, 격전이 끊이지 않던 빈을 서둘러 떠나 안전한 인스부르크로 거처를 옮겼다.

다른 한편, 합스부르크제국은 하나의 통일된 민족국가가 아니었기 때문에 3월 혁명으로 더욱 복잡한 상황에 직면했다. 3월 혁명의 여파로 원심력의 강도도 높아졌는데, 그 누구보다 헝가리인과 체코인이 높은 수준의 자립성을 요구했다. 더군다나 합스부르크제국 안에서 헌법 개혁에 대한 관심이 가장 큰 민족이 독일계였기 때문에 문제가 한층 심각해졌다. 이들은 독일연방에서 급물살을 탄 정치적 흐름에 동참하길 원했고, 프랑크푸르트의 파울 교회에 대표자를 파견했다. 독일 역사상 처음으로 민주주의 원칙에 따라 선출된 프랑크푸르트 국민의회에 참석하기 위해서였다. 하지만 3월 혁명 전후로 일어난 사건들이 자기정체성을 찾는 민족들에게 아무리 큰 자극제가 되었더라도, 체코인들처럼 오히려 독일의 국민의회와 거리를 두는 역효과를 낳기도 했다. 사실 보헤미아는 오랜 시간 동안 구제국의 일부였을 뿐 아니라 독일연방의 회원국이기도 했고, 심지어 보헤미아 안에는 자기 목소리를 분명하게 내고 막대한 권력을 가진 독일인들도 소수 존재했다. 그럼에도 불구하고 체코인들은 대표자를 프랑크푸르트 국민의회로 보내길 거부했다. 반면 합스부르크제국에 속했지만 독일연방의 경계선 밖에 있었던 다른 광대한 지역들은 애초부터 독일의 국민의회와 엮일 일이 없었다. 자부심이 강했던 헝가리가 대표적이었다. 당시에 '헌법'과 '민족'은 동의어와 같았다. 그러나 오스트리아제국은 합스부르크 가문이라는 접착제로 간신히 붙어 있었을 뿐, 제국의 구성원인 각 민족은 극도로 파편화된 상태였다. 따라서 헌법을 제정하기 위한 민족 간의 공동 노력은 큰 장애물에 부딪힐 수밖에 없었다.

이러한 모든 문제점에도 불구하고 3월 혁명은 여러 개혁을 이루는 데 성공했다. 오스트리아에서는 필러스도르프의 지휘 아래 새롭게 구성된 정부가 1848년 4월 중에 헌법을 제정했는데, 몇 가지 약점이 있었음에도 불구하고 처음에 큰 호응을 얻었다. 독일에서는 프랑크푸르트 국민의회가 같은 해 6월에 황실 구성원 가운데 인기가 높았던 대공작 요한(페르디난트 1세의 삼촌)을 제국섭정으로 선출했다. 이에 따라 요한은 헌법이 채택될 때까지 독일의 최고 통치자 역할을 임시로 맡게 되었다. 또한 7월에 구성된 오스트리아 제국의회는 페르디난트 1세가 인스부르크에서 빈으로 돌아오게 했을 뿐 아니라 농민에게 부과한 봉건적 부담을 철폐하기로 신속하게 결정했다. 이후 반동의 시대가 이어졌지만 이때 결정된 사항들은 그대로 유지되었기 때문에 오스트리아 제국 의회가 보여준 결단은 파급력이 매우 컸다고 볼 수 있다.

## 반동 정치로 권좌에 오른 황제 프란츠 요제프 1세

하지만 1848년 여름에 오스트리아에서 이미 반동 세력이 규합하기 시작했다. 혁명을 무너뜨리기 위해 군부와 관료, 왕가가 힘을 합친 것이다. 같은 해 가을, 독일의 국민의회가 위치한 프랑크푸르트나 다른 도시들에서와 마찬가지로 빈에서도 급진 단체들이 봉기를 일으켰다. 이를 진압하기 위해 구세력의 군사 조직들을 대거 동원함에 따라 빈 역시 피비린내 나는 결투장으로 변했고, 그 과정에서 혁명 세력이 패배를 당했다. 이후 펠릭스 추 슈바르첸베르크의 지휘 아래 새로운 정부가 구성되었고, 시민이 직접 선출한 오스트리아 제국의회는 빈에서 모라비아의 크로메르지시로 옮겨진 후 1849년 3월에 끝내 해산되고 말았다.

이렇듯 반동 움직임이 본격화되면서 합스부르크 가문 쪽에서는 무엇보다 프란츠 요제프 1세라는 새로운 인물이 무대에 등장했다. 허약한 데다 후사마저 없던 페르디난트 1세로선 어수선한 정국을 바로잡기가 버거웠다. 합스부르크 황실에서 그에게 권좌에서 물러나라고 설득했을 때 그는 크게 반발하지 않았고, 1848년 12월 2일에 퇴위하면서 심지어 홀가분해하는 모습을 보였다. 프라하 성으로 거처를 옮긴 페르디난트 1세는 음악에 심취한 채 자선활동을 펼치는 한편 성의 정원을 가꾸며 남은 27년을 보냈다.

원래대로라면 페르디난트 1세의 동생인 프란츠 카를(1802~1878)에게 황위 계승권이 돌아가야 했다. 하지만 프란츠 카를은 당시에 열여덟 살에 불과했던 자신의 아들 프란츠 요제프 1세에게 황위를 양보했다. 프란츠 요제프 1세의 어머니이자 바이에른 국왕 막시밀리안 1세 요제프의 딸이었던 대공비 조피의 적극적인 황태자 교육이 드디어 결실을 맺은 순간이었다. 자제력이 강했던 프란츠 요제프 1세는 균형 감각을 갖춘 인물로서 다방면으로 수준 높은 교육을 받았다. 게다가 그는 합스부르크제국의 통치를 받았던 다양한 민족의 언어를 어려서부터 구사할 줄 알았고, 강인한 체구와 준수한 외모를 자랑했다. 또한 어렸을 때부터 군사 교육을 받은 덕분에 군사 전반에 깊은 관심을 보였는데, 대중 앞에 모습을 드러낼 때 거의 항상 군복을 입을 정도였다. 이처럼 체계적으로 황태자 교육을 받은 프란츠 요제프 1세는 국사를 돌보기 위한 토대를 제대로 갖추었으나, 일찍부터 황제의 의무를 다해야 했기 때문에 고등 교육을 끝마칠 수 없었다. 대신 전임 황제 페르디난트 1세 때 오스트리아의 제국총리로 임명된 슈바르첸베르크가 프란츠 요제프 1세의 첫 정치적 스승이 되어주었다. 하지만 곧 스스로 보고 경험한 것들이 프란츠 요제프 1세의 인생에서 길잡이 역할을 하게 되었는데, 그는 때마침 1848년 혁명으로 초래된 대혼란을 통해 많은 경험을 쌓을 수 있었다.

프란츠 요제프 1세의 통치 초기에 헝가리가 큰 골칫거리로 떠올랐다. 헝가리에서는 그제야 혁명이 정점에 도달했는데, 프란츠 요제프 1세는 헝가리에서 대관식을 치르고 충성맹세를 받는 것으로 이 문제를 덮고 지나갈 생각이 없었다. 이후 몇 달 동안 갈등은 악화일로를 걸었고, 1849년 4월에 헝가리는 코슈트 러요시의 주도로 합스부르크 가문을 폐위하며 공화국을 선언하기에 이르렀다. 이제 상황은 또다시 무력을 통해 문제를 해결하는 양상으로 전개되었다. 합스부르크군이 러시아군과 손잡고 헝가리의 자유를 향한 투쟁을 무참히 짓밟은 것이다. 그 결과 1848년에 제정된 자유주의 헌법이 백지화되었고, 헝가리의 초대 총리였던 버차니 백작을 비롯해서 여러 지도자가 처형당했다. 코슈트 러요시는 외국으로 달아나는 데 성공했다. 가혹한 대응으로 자존심에 깊은 상처를 입은 헝가리는 향후 수십 년 동안 황제와 경직된 관계를 유지했다.

프란츠 요제프 1세가 집권한 지 몇 달 만에 중부 유럽 및 동유럽의 권력 구도를 뒤집을 만한 또다른 긴급한 문제가 떠올랐다. 미래의 독일 국민국가를 건설할 때 대독일주의와 소독일주의 중에 어느 길을 선택할 것인지 프랑크푸르트 국민의회가 화두를 던진 것이다. 대독일주의는 국민국가를 세울 때 오스트리아제국 안에서 독일어를 쓰는 모든 지역을 포함하는 것을 목표로 삼았는데, 이 경우 오스트리아제국은 분할을 감수해야만 했다. 하지만 헝가리를 둘러싼 치열한 분쟁에서 분명하게 드러났듯이, 합스부르크 가문은 영토 분할이라는 대가를 치를 생각이 전혀 없었다. 이에 따라 프랑크푸르트 국민의회는 오스트리아를 제외하는 쪽으로 방향을 틀었고, 관세 동맹을 체결함으로써 1848년 이전에 이미 독일의 새로운 우두머리로서 윤곽을 드러냈던 프로이센을 향해 손을 내밀었다. 그러나 프로이센 왕 프리드리히 빌헬름 4세는 프랑크푸르트 국민의회가 자신을 독일제국의 황제로 추대하자 헌법에 의해 온갖 제약을 받는 국가의 수장이 되는 것을 거부했다. 이로써 독일의 3월 혁명은 완전히 실패로 돌아간 것과 마찬가지였다. 그럼에도 불구하고 이때 독일의 민주주의자들이 프로이센을 선택한 것은 독일연방에서 오스트리아가 자처한 전통적 맹주 역할에 처음으로 강한 의문을 제기했다는 점에서 하나의 전조라고 할 수 있다. 물론 오스트리아는 혁명이 끝나자마자 다시 독일연방의 맹주 자리를 주장했다. 이렇게 불거진 주도권 문제는 혁명이 끝난 직후에도 가라앉지 않았고 정치 전반에 치명적 타격을 주었다. 프로이센은 오스트리아를 배제한 채 독일 국가들을 하나의 동맹으로 규합하기 위해 할 수 있는 일을 다 했다. 이로 인해 프로이센과 오스트리아는 전쟁 위기까지 갈 정도로 사이가 틀어졌다. 오스트리아는 1850년대 초반에 들어서서야 독일연방의 맹주로서 위상을 회복할 수 있었고, 당분간이나마 우위를 지킬 수 있었다.

다른 한편, 이탈리아를 비롯해 합스부르크 영토 곳곳으로 확산된 혁명도 잔혹하게 진압되었는데, 이와 별개로 1849년 3월에 오스트리아 제국의 흠정 헌법이 제정되었다. 이렇게 제정된 헌법에는 제국의회를 상원과 하원으로 구성한다고 명시되어 있었으나, 제국의회는 단 한 번도 소집되지 않았기 때문에 흠정 헌법의 실효성은 미미했다. 프란츠 요

오스트리아제국 황후 엘리자베트. 프란츠 사버 빈터할터 그림, 1865년, 빈 미술사박물관 소장.

제프 1세는 오스트리아제국을 사실상 절대주의 체제로 돌려놓았고, 심지어 1852년에 슈바르첸베르크가 사망하자 국가의 모든 권력을 독점하다시피 했다. 이러한 반동 조치들을 취한 젊은 황제는 1853년에 암살 시도가 일어날 만큼 백성들에게 높은 원성을 샀다.

그로부터 얼마 후, 프란츠 요제프 1세는 바이에른의 비텔스바흐 계열로 어머니 조피의 조카*이자 자신의 외사촌이었던 엘리자베트와 결혼했다. 이 결혼은 분명 프란츠 요제프 1세가 엘리자베트와 사랑에 빠져 성사되었으나, 조피 대공비가 원래 엘리자베트의 언니를 결혼 상대자로 점찍었다는 사실을 생각하면 엘리자베트와의 결혼은 엄격한 어머니를 향해 프란츠 요제프 1세가 반발의 뜻을 내비친 것이기도 했다. 하지만 성격이 자유분방한 엘리자베트는 결혼 초반부터 극도로 형식적이었던 황실 생활에 제대로 적응하지 못했다. 게다가 황실은 이제 시어머니가 된 이모 조피 대공비가 휘어잡은 상태였다. 엘리자베트는 딸 둘을 출산한 후 1858년에 황태자인 루돌프를 낳았으나, 조피 대공비가 그녀의 자녀들을 데려가 양육했다. 결국 엘리자베트는 1859년에 처음으로 황궁과 자녀들의 곁을 떠나 2년 동안 코르푸, 마데이라, 베네치아 등 세계 각지로 여행을 다니면서 고독한 시간을 보냈다. 프란츠 요제프 1세는 여전히 엘리자베트를 사랑했기에 그녀와의 유대를 끊지 않았으나, 둘 사이의 거리감은 이때부터 가시화되기 시작했다. 이후 루돌프가

* 엘리자베트는 조피 대공비의 여동생인 루도비카 빌헬미네의 딸이었다.

혹독한 군대식 교육을 받고 자라는 모습을 지켜본 엘리자베트는 자신의 아들이 자유주의적 성향을 가진 가정교사들에게 교육받을 수 있도록 끝까지 밀어붙였다.

## 부르주아와의 첫 타협

프란츠 요제프 1세는 비록 1850년대 중반까지 신절대주의 통치 체제로 회귀하는 데 성공했으나, 그렇다고 일련의 사건들을 통해 수면 위로 떠오른 부르주아의 야망을 모두 잠재울 수는 없었다. 따라서 프란츠 요제프 1세는 제국의 통치권을 다시 확실하게 장악한 이후 자신의 통제 아래 어느 정도 타협을 해야 한다는 것을 깨닫고 위로부터의 개혁에 박차를 가하기 시작했다. 그리하여 제국의 모든 거주민에게 단일한 국적을 부여했고, 농민 해방령을 드디어 인정했으며, 행정과 입법을 분리하는 한편 오스트리아와 헝가리 사이의 관세 국경을 철폐했다. 결국 혁명 세력이 요구한 사항 중 몇 가지는 다른 조건 아래서 실현된 셈이었다. 또한 프란츠 요제프 1세는 빈을 둘러싼 옛 성곽을 허물고 그 자리에 빈을 대표하게 될 순환도로를 건설함으로써 빈의 모습을 혁신하는 데 크게 기여했다.

한편 이탈리아 통일 운동으로 촉발된 무력 분쟁 중에 오스트리아는 국제적으로 고립되며 1859년에 롬바르디아 지배권을 완전히 잃게 되었다. 이로 인해 오스트리아제국군의 통수권자인 프란츠 요제프 1세의 위신까지 바닥으로 떨어지고 말았다. 그 여파로 프란츠 요제프 1세는 합스부르크제국에 속한 여러 민족과 백성의 요구 사항을 신중하게 수용하기로 결심했다. 그는 1860년과 1861년 사이에 부르주아 계층에게 헌법에 입각한 공동 결정권을 처음으로 허용하는 한편, 안톤 폰 슈메를 링의 주도하에 헌법안을 마련하도록 했다. 안톤 폰 슈메를링은 자유주의자로서 프랑크푸르트 국민의회에 의해 지탱된 독일 임시정부의 장관을 역임한 인물이었는데, 그의 지휘로 오스트리아는 입헌군주제의 모습을 조금씩 갖추기 시작했다. 하지만 1861년에 제정된 헌법은 다분히 중앙집권적 성격을 띠고 있었기 때문에, 제국 안에서 독립성을 최대한 되찾고자 했던 헝가리의 반발에 부딪혔다. 그나마 헝가리는 러시아의 영향력이 커지는 상황을 고려해 합스부르크 가문의 보호 아래 있는 것에 원칙적으로 동의했다. 프란츠 요제프 1세는 1865년에 비로소 중앙집권적 헌법을 관철하려는 노력을 포기하기로 결정했는데, 이는 헝가리에 호의적인 태도를 보임으로써 현지에서도 큰 인기를 누린 엘리자베트 황후의 중재 노력 덕분이었다. 엘리자베트가 정치적으로 개입한 것은 헝가리를 위해 중재에 나섰을 때가 유일하다.

**독일과의 단절 및 이중 군주국의 탄생**

헝가리와의 줄다리기가 계속되는 와중에 독일연방의 주도권을 둘러싼 오스트리아와 프로이센의 갈등은 갈수록 격해졌다. 1862년부터 프로이센의 총리로 활동한 비스마르크는 독일연방을 해체하고 오스트리아를 제외한 상태에서 독일을 통일하는 쪽에 무게를 두기 시작했다. 반면 여전히 대독일주의에 기초한 방안을 모색했던 오스트리아는 1863년에 프랑크푸르트에서 제후회의를 소집하고 그 계획을 피력했다. 하지만 프로이센 왕 빌헬름 1세는 비스마르크의 조언에 따라 프랑크푸르트 제후회의에 끝까지 참석하지 않았다. 이후 오스트리아와 프로이센은 슐레스비히-홀슈타인을 놓고 격렬하게 대립했다. 사실 양국은 슐레스비히-홀슈타인을 둘러싸고 오래전부터 이해관계가 충돌했고, 특히 이 지역을 덴마크에서 떼어내는 문제를 두고 계속 부딪쳐왔다. 이때 비스마르크는 독일 내 주도권 다툼을 결판 짓기 위해 오스트리아를 도발하는 차원에서 분쟁을 더욱 부추긴 것으로 보인다. 그는 능수능란한 외교술로 프랑스의 중립을 이끌어내는 한편, 오스트리아가 양면 전쟁에 휘말리도록 이탈리아의 통일 운동을 지원했다.

1866년, 그동안 쌓인 갈등이 폭발해 마침내 독일 전쟁Deutscher Krieg[*]이 발발했다. 이때 쾨니히그레츠 전투에서 오스트리아가 결정적으로 패배함으로써 전쟁은 단기간에 프로이센의 승리로 끝났다. 이후 프로이센군은 파죽지세로 빈 코앞까지 도달했다. 그 결과 독일연방은 해체되었고, 그동안 구제국의 지도자 역할을 했던 오스트리아도 독일에서 최종적으로 축출되었다. 신흥 강자 프로이센이 전통 강자 오스트리아

---

[*] 프로이센-오스트리아 전쟁(Preußisch-Österreichischer Krieg)으로도 널리 알려져 있다.

와의 대결에서 승리를 거머쥔 것이다. 이로써 비스마르크는 오스트리아를 배제하고 독일 통일을 향해 전진할 수 있게 되었다.

구제국 영토에서 완전히 고립된 오스트리아는 이제 혼자 힘으로 살아남아야 했는데, 이러한 상황은 오스트리아제국 내부에도 연쇄작용을 일으켰다. 1867년, 엘리자베트 황후의 새로운 중재에 힘입어 헝가리와의 기나긴 갈등에 마침표를 찍게 된 것이다. '대타협Ausgleich'으로 알려진 협상 결과, 헝가리는 헌법을 되찾았고 오스트리아와 대등한 독립 국가로 인정받게 되었다. 또한 중앙집권 체제 대신 이중 체제가 들어서게 되었으나, 동시에 양국은 동일한 군주제 밑에 단단히 묶이게 되었다. 프란츠 요제프 1세 부부의 헝가리 국왕 대관식도 드디어 거행되었다. 이렇게 오스트리아제국 및 헝가리왕국 군주국(줄여서 오스트리아-헝가리제국)이 탄생했으며, 양국은 외교·군사 및 일부의 재정에 관련된 문제만 공동으로 처리하는 한편, 관세 동맹과 통화 동맹을 체결했다. 이러한 내용은 헝가리에 유리한 측면이 있었기 때문에 체코인을 비롯한 다른 민족들도 비슷한 열망을 품게 되었다.

다른 한편으로, 1871년에 독일제국Deutsches Kaiserreich이 세워졌으나, 오스트리아는 독일제국이 신성로마제국을 계승했다고 보지 않았기 때문에 빈에 보관 중인 황제관을 돌려줄 뜻이 없었다. 하지만 독일제국과 오스트리아는 양국 사이에 역사적 연결고리가 있다는 점, 중부 유럽에서 국경선을 맞대고 있어 이해관계가 겹친다는 점을 고려해 1866년의 단절로 불편해진 관계를 정상화하기 위해 노력했다. 이에 따라 독일제

오스트리아-헝가리제국의 문장.

국과 오스트리아는 여러 차례에 걸쳐 방어 동맹을 체결했으며, 나중에
는 러시아와 이탈리아까지 포섭하는 데 성공했다. 하지만 1870년대에
접어들어 오스트리아의 영향력이 발칸반도까지 확산되자 오스트리아
와 러시아 사이의 이해관계가 어긋나기 시작했다. 러시아가 오스만제
국과 맞서 투쟁을 벌이던 슬라브족을 지원했던 데다가, 1878년에 이스
탄불 앞까지 진격한 상황이었기 때문이다. 이렇듯 러시아가 발칸반도
를 무대로 세력을 급속도로 확장하자 오스트리아를 비롯한 유럽 강대
국들 사이에 우려의 목소리가 커졌고, 합스부르크 군주국과 러시아는
곧 심각한 적대 관계에 놓이게 되었다. 그리하여 오스트리아는 주변 유
럽 강국들의 지원을 등에 업고 보스니아와 헤르체고비나를 점령하기

에 이르렀다. 세력 균형을 되찾는 동시에 발칸반도의 질서를 회복하기 위해서였지만, 이 과정에서 현지의 거센 저항을 진화해야만 했다. 결과적으로 이 지역은 독립을 인정받은 친러시아 성향의 세르비아를 제외하고, 1878년부터 오스트리아의 통치 아래에 놓이게 되었다. 이로 인해 합스부르크 군주국의 인구는 슬라브족의 비율이 상당히 높아졌는데, 이는 헝가리인과 다른 민족의 반발심을 강하게 자극하는 역효과를 일으켰다. 이처럼 오스트리아가 발칸반도에서 팽창 정책을 펼친 목적은 무엇보다 러시아를 견제하기 위해서였다. 오스트리아는 그 연장선상에서 1879년에 독일제국과 이국동맹을 체결한 후, 1882년에는 이탈리아까지 끌어들여 삼국동맹을 결성했다. 이렇게 해서 동맹국들은 러시아가 침공할 경우 상호 지원을 약속했으며, 이국동맹은 1918년까지 유지되었다.

## 비극으로 얼룩진 황실 가족사

프란츠 요제프 1세의 치세 중반에 이르자 여러 비극적인 사건이 합스부르크 가문의 구성원들을 덮쳤다. 첫 희생자는 프란츠 요제프 1세의 동생 페르디난트 막시밀리안 대공이었다. 자유주의 성향이 강한 페르디난트 막시밀리안은 도나우 군주국에서 자신의 야심을 실현하는 것이 불가능하다고 판단해 멕시코로 눈을 돌렸다. 프랑스의 지원과 더불어 교황의 축복까지 받은 그는 미국의 힘을 빌린 멕시코의 공화주의 세

오스트리아제국 황제 프란츠 요제프 1세. 카를 피츠
너 촬영, 1885년경.

력과 맞서 멕시코 황제 '막시밀리아노 1세'로 즉위했다. 이렇게 막시밀리아노 1세는 합스부르크 가문에서 대서양을 처음으로 건넌 인물이 되었다. 하지만 그로서도 멕시코에 전염병처럼 퍼진 내전 앞에서는 속수무책일 수밖에 없었다. 더군다나 미국이 남북전쟁을 끝낸 후 멕시코에 대한 압력을 강화하자 프랑스가 멕시코에서 철군하기 시작했고, 막시밀리아노 1세는 고립무원의 위기에 놓였다. 1867년, 막시밀리아노 1세는 급기야 멕시코의 반대세력에게 총살을 당하고 말았다. 이 처형 장면은 프랑스의 화가 에두아르 마네가 그림으로 남긴 덕분에(네 가지 판본이 있으며, 각각 보스턴과 코펜하겐, 런던, 만하임에 소장되어 있다) 현재까지도 많은 사람들의 뇌리에 박혀 있다.

비극적으로 생을 마감한 두 번째 인물은 프란츠 요제프 1세의 아들 루돌프 황태자였다. 루돌프의 자유주의적 입장 때문에 부자지간의 불화는 매우 심각했는데, 특히 루돌프는 아버지와 정치적 견해가 전혀 맞지 않았다. 프랑스의 공화주의적 헌법에 경탄의 눈길을 보낸 루돌프가 외교적 측면에서 프랑스에 우호적이었다면, 프란츠 요제프 1세는 이와 반대로 빌헬름 1세 휘하의 독일제국과 손을 잡았다. 게다가 루돌프는 현대 문화에 열려 있는 인물이었고, 방만한 사생활로 구설수에 오를 만큼 여러 면에서 지나치게 개방적이었다. 그랬던 루돌프가 1889년에 애인과 함께 동반자살을 선택했다. 현재까지도 많은 부분이 베일에 가려져 있는 이 사건은 황실에 큰 충격을 주었고, 독실한 가톨릭 신자였던 프란츠 요제프 1세에게 쓰라린 심적 고통을 안겨주었다. 바로 전해에 자유주의적 성향인 프리드리히 3세가 독일 황제로 즉위한 지 99일 만에 사망함에 따라 수많은 자유주의자들의 희망이 산산조각 난 것을 고려할 때, 루돌프가 더 오래 살았다면 역사가 어떤 방향으로 전개되었을지 상상해보는 것도 흥미로울 것이다. 결과적으로 자유주의 성향이 강했던 두 명의 후계자가 연이어 생을 마감하면서 프로이센과 오스트리아에서는 보수주의에 입각한 군주제가 흔들림 없이 유지되었다.

비극적 최후를 맞이한 세 번째 주인공은 프란츠 요제프 1세의 아내 엘리자베트였다. 루돌프가 자살한 지 10년도 안 돼서 엘리자베트마저 잃은 프란츠 요제프 1세는 또다시 큰 실의에 빠지게 되었다. 엘리자베트는 근대 여성의 전형으로 황후로서의 궁정 의무를 다할 천성도 아니었고, 그럴 의지도 없었던 인물이다. 그녀는 거식증에 걸릴 정도로 외모를 가꾸는 일에 탐닉했을 뿐 아니라, 승마를 비롯해서 여러 스포츠에 열중했고, 독일 시인 하인리히 하이네의 숭배자로 문학에도 진지한 관심을 보였다. 이에 반해 프란츠 요제프 1세는 아내와 정반대의 성격으

로 국가 이성과 황실을 대변하는 인물로 자리매김했는데, 엘리자베트
는 바로 이러한 세계에서 벗어나기 위해 발버둥을 쳤다. 이러한 성향
차이로 두 사람의 관계는 차츰 소원해졌으나, 그렇다고 해서 애정과 존
경심으로 묶여 있던 끈이 완전히 끊어진 것은 아니었다. 엘리자베트는
결국 황실과 완전히 결별하고 장기 여행을 빌미로 외국으로 나돌기 시
작했다. 특히 루돌프의 자살 사건으로 그녀의 도피 경향은 한층 짙어졌
고, 그 이후로 엘리자베트는 늘 상복만 입고 다녔다. 이렇듯 쉼 없이 여
행을 계속하던 와중에 엘리자베트는 1898년에 제네바에서 한 이탈리
아 무정부주의자의 손에 암살당하고 말았다. 이처럼 온갖 불행을 겪은
프란츠 요제프 1세는 심지어 조카 프란츠 페르디난트와도 극심한 갈등
을 빚었다. 루돌프 대신에 황위 계승자로 올라선 프란츠 페르디난트는
1900년에 황실 가문의 격에 맞지 않는 결혼을 감행함으로써 프란츠
요제프 1세의 깊은 분노를 샀고, 이로 인해 프란츠 페르디난트의 자녀
들은 황위 계승자 후보에서 배제되었다. 이외에도 두 사람은 정치적 견
해가 서로 달랐기 때문에 자주 대립했다.

## 근대화와 민족 분쟁 사이의 오스트리아-헝가리제국

빈이 수도인 오스트리아는 성직자와 귀족의 지배를 받은 농업국가로
서 시대에 뒤처져 있다가 19세기 후반에 들어서 비약적으로 발전해
산업과 부르주아 중심의 근대사회로 탈바꿈했다. 이때 근대사회에 전

형적으로 동반되는 현상들이 뒤따라온 것은 필연적이었다. 물론 프란츠 요제프 1세는 이러한 발전 과정에 힘을 실어줄 인물이 전혀 아니었다. 이 시기에 도약의 날개를 펼친 것은 오히려 귀족 사회의 테두리 밖에 있던 세력들이었다. 한편 1866년과 1867년 사이에 이루어진 대타협 이후 자유주의자들이 먼저 정부의 주도권을 잡았다. 이들은 오스트리아의 중앙집권적 노선에 우호적이었기 때문에 오스트리아-헝가리제국의 통치를 받고 있던 다양한 민족의 이익은 반영되기가 힘들어졌다. 곧이어 여러 대중 정당이 만들어졌는데, 특히 사회민주당의 등장은 급속한 산업화, 폭넓은 노동자 계층의 형성 등 오스트리아의 사회상을 여실히 드러냈다. 또한 반유대주의 색채가 짙은 기독교사회당이 설립되었고, 독일 민족주의자들도 정치적으로 큰 영향력을 행사하기 시작했다. 1873년에 빈에서 국제박람회가 개최되고, 1910년에 빈의 인구가 200만 명을 돌파하면서 빈은 런던과 파리, 베를린 등과 어깨를 나란히 하는 세계적인 대도시로 변모했다. 이렇게 성장을 거듭하자 빈에서도 근대적 대도시에서 으레 나타나는 사회 현상들이 고개를 들기 시작했다. 한쪽에서는 부르주아 중심의 부유한 상류층이 자리잡았고, 다른 한쪽에서는 셀 수 없이 많은 노동자가 생겨나면서 무산 계급화Proletarisierung 현상이 광범위하게 고착된 것이다. 동시에 빈은 오스트리아-헝가리제국의 인구분포도를 보여주는 거울이었으며 그 어느 대도시보다 다국적이었다. 또한 빈은 오스트리아 사회에 동화된 유대인의 힘을 빌려 문화 부문에서 유례없는 황금기를 맞이했다. 학문과 예술, 문학 등 여러 분야들이 빠르게 발전했고 빈은 고전주의와 낭만주의 시대가 지나간 후 다시 한번 고전 음악의 최전성기를 이끌었다. 이렇게 빈이 문화 중심지로 성장하는 과정에서 프란츠 요제프 1세가 기여한 부분은 거의 없었다. 예술 애호가로서 후원을 아끼지 않고 특히 음악광의 면모를 자랑했던 선조들과 달리, 관료적 사고방식과 군인 정신으로 무장한 프란츠 요제프 1세는 문화 활동에 큰 관심을 보이지 않았다.

1차 세계대전이 발발하기 전 프란츠 요제프 1세의 최대 고민거리는 이질적인 민족들 사이에 조성된 긴장 관계였다. 헝가리인과 슬라브인 사이의 적대감을 통해서도 나타났듯이, 이러한 긴장 관계는 민족적 증오심으로 치달을 가능성이 농후했다. 이렇게 불안한 형국에도 불구하고 오스트리아-헝가리제국은 합스부르크 가문의 상징과도 같은 프란츠 요제프 1세를 중심으로 단결을 유지했고, 노황제는 강한 자제력과 특유의 성실함으로 전 국민에게 깊은 존경과 신망을 받았다. 내셔널리즘 문제는 무엇보다 발칸반도를 걷잡을 수 없는 혼란에 빠트렸다. 1903년 이후 세르비아가 러시아의 지원을 등에 업고 대★세르비아제국을 건설하려고 시도한 반면, 오스트리아는 30년 전에 점령한 보스니아와 헤르체고비나를 1908년에 공식적으로 합병했다. 그 여파로 오스트리아와 세르비아의 관계는 파국으로 치닫게 되었고, 이러한 갈등 구도는 몇 년 후 1차 세계대전의 도화선에 불씨를 지피고 말았다.

# 13장

# 1차 세계대전

### 합스부르크 가문을 파멸로 몰아넣은
### 현대적 재앙의 원흉

**전쟁을 시작하기로 결심한 프란츠 요제프 1세**

당대 세계의 화약고는 발칸반도였다. 오스만제국이 쇠락의 길에 접어들면서 발칸반도에서는 1차 세계대전이 발발하기 전까지 이미 두 차례나 소규모 전쟁이 일어날 정도로 일촉즉발의 위기가 감돌았다. 발칸반도에서 러시아의 영토 팽창은 멈출 기미를 보이지 않았다. 따라서 러시아가 세르비아를 끊임없이 지원한 것은 놀랄 일이 아니었다. 반면에 오스트리아의 황위 후계자인 프란츠 페르디난트는 발칸반도의 슬라브인들을 오스트리아-헝가리제국으로 통합할 계획을 구상했다. 이는 오스트리아-헝가리라는 이중 제국을 삼중 제국으로 재편하려는 것이었다. 이 시도가 성공하면 남슬라브계 민족은 합스부르크제국의 보호 아래 특별한 지위를 누릴 터였다. 이러한 계획에 대해 제국 내에서는 헝가리가 큰 불만을 표시했다. 하지만 누구보다 강한 자극을 받은 것은 세르비아였고, 이런 이유로 프란츠 페르디난트는 세르비아에서 증오의 대상이 되었다.

1914년 6월 말, 프란츠 페르디난트와 그의 아내가 군사 훈련에 참관하기 위해 보스니아를 방문했다. 세르비아 비밀조직에서 총기 훈련을 받은 보스니아 대학생 가브릴로 프린치프가 이때를 노려 황태자 부부를 암살했다. 이 사건으로 엄청난 충격에 빠진 오스트리아와 합스부르크 가문은 이제 암살 사건의 배후자로 지목된 세르비아인들에게 책임을 묻기 시작했다. 오랜 기간 평화를 지켜내는 데 성공한 프란츠 요제프 1세도 전쟁을 일으키는 방향으로 끝내 생각을 굳혔다. 사실 나폴레옹 전쟁 이후 100년 동안 치러진 전쟁이 대부분 단기간 내에 끝난 것은 물론이고 국지전에 불과했던 이유는 메테르니히가 구축한 균형 체제가 작동했기 때문이다. 이러한 메테르니히 시대를 몸소 경험한 프란츠 요제프 1세는 발칸반도에서 전쟁이 일어나더라도 그 불꽃이 다른 지역으로 튀지 않고 몇 달 안에 승패가 결정되리라고 생각했다. 하지만 다른 유럽 국가들 사이에서는 오스트리아의 발칸제국 침공은 세르비아의 보호자 역할을 자처하던 러시아를 도발하는 행위가 될 것이라는 관측이 지배적이었다. 한편 오스트리아-헝가리제국은 '7월 위기'(프란츠 페르디난트 부부 암살 후 유럽 강대국들 사이에 발생한 외교 위기)가 터진 직후 독일로부터 이미 백지수표를 받아놓은 상태였다. 앞으로 상황이 어떻게 전개되든 같은 편으로 남겠다고 독일이 약속한 것이다. 하지만 러시아도 막강한 동맹 전선을 구축했다. 바로 프랑스 및 영국과 손을 잡은 것이다.

1914년 7월 28일, 프란츠 요제프 1세가 세르비아에 전쟁을 선포함에 따라 마침내 1차 세계대전의 막이 올랐다. 곧이어 러시아가 총동원령을 내렸고, 그로부터 며칠 후 강대국들이 꼬리에 꼬리를 물고 서로가 서로에게 선전포고를 날렸다. 이렇게 해서 세르비아를 상대로 벌인 예방전쟁이 유럽 대륙으로 번진 데 이어, 곧 세계 전체를 집어삼키고 말았다. 1차 세계대전은 그전까지 상상할 수 없었던 대규모의 사상자를 낳았으며, 천문학적 경제적 손실을 초래한 것은 물론이고 엄청난 정치적 지각변동을 몰고 와 전 세계를 뿌리째 흔들었다.

오스트리아-헝가리제국의 전장은 발칸반도, 러시아 전선 및 이탈리아 국경선 등 세 곳에 집중되어 있었다. 이중 이탈리아는 중립을 지키다가 러시아와 영국, 프랑스를 중심으로 체결된 삼국 협상Triple Entente에 뒤늦게 가담했다. 참전국 가운데 어느 곳도 이러한 세계적 규모의 전쟁에 대비하지 못했다. 따라서 참전국들은 모든 민간 영역을 전시 체제로 급전환해야만 했다. 1차 세계대전은 산업화 시대에 벌어진 첫 전쟁으로 대중과 대량 물자가 지배한 전쟁이었다. 또한 부르주아가 성장을 거듭한 '기나긴 19세기'에 마침표를 찍은 전쟁이었다. 19세기는 다방면에서 부르주아와 대립했던 프란츠 요제프 1세의 시대이기도 했으므로, 1차 세계대전으로 그의 기나긴 인생도 저물었다. 68년 동안 어떤 합스부르크 가문의 일원보다 더 오래 통치한 프란츠 요제프 1세는 전쟁이 한창이던 1916년 11월 21일에 86세의 나이로 눈을 감았다. 프란츠 요제프 1세가 오랜 치세의 끝자락에 이르러 전쟁의 방아쇠를 당기는 데 함께 힘을 줌으로써 자신과 주위 모든 사람을 유례를 찾아볼 수 없는 생지옥으로 내몬 것은 크나큰 비극이 아닐 수 없었다. 다른 한편으로, 프란츠 요제프 1세의 죽음은 가문 존속이라는 문제의 그늘에 가려졌다. 합스부르크 가문의 종말은 곧 현실이 되었기 때문에 프란츠 요제프 1세는 하마터면 가문의 최후를 경험할 뻔했으나, 최소한 가문의 파멸을 지켜보는 불행은 피해갈 수 있었다.

## 카를 1세: 오스트리아의 마지막 황제

이제 프란츠 요제프 1세의 조카의 아들인 카를 1세가 차기 황제로 등극했다. 1887년에 태어난 카를 1세와 함께 새로운 세대가 권력을 잡게 되었다. 그는 프란츠 페르디난트가 격에 맞지 않는 결혼을 감행하기 전에 이미 잠재적 황위 후보자로 떠오른 인물이었다. 카를 1세는 빈에 위치한 쇼텐김나지움Schottengymnasium에 다닌 것을 계기로 일찍부터 황실 밖의 다양한 계층과 접촉할 수 있었고, 이러한 경험을 바탕으로 개혁에 열린 성향을 가지게 되었다. 이후 군사학과 법학을 공부한 그는 군인으로서 경력을 쌓기 시작했다. 프란츠 요제프 1세는 1차 세계대전이 터지고 난 후 첫 2년 동안 카를 1세를 독일제국군과 오스트리아-헝가리제국군의 사령부에 배치해 여러 임무를 맡겼다. 하지만 프란츠 페르디난트의 암살로 카를 1세가 계승 서열 1위로 올라섰음에도 불구하고 프란츠 요제프 1세는 정치적 의사 결정 과정에서 카를 1세를 거의 배제하다시피 했다.

총사령관으로서 오스트리아 축제용 제복을 입고 있는 오스트리아제국 황제 카를 1세.

1916년 11월 21일 황제가 된 카를 1세는 오스트리아-헝가리제국군 통수권을 직접 손에 쥐고 군대 조직과 정치 기관들의 인사를 대폭 교체했다. 한편 오스트리아-헝가리제국의 멸망이 한 걸음 한 걸음 가까워지고 있었다. 사태의 심각성을 알아챈 카를 1세는 일련의 개혁을 통해 이를 막아보려 했다. 그는 특히 치세 초기부터 백성들이 더이상 피를 흘리지 않도록 평화를 회복하는 데 강한 의지를 보였다. 하지만 카를 1세는 이 과정에서 자유롭지 못했다. 오스트리아-헝가리제국과 한편이자 동맹국Mittelmächte*을 지휘했던 독일제국 내에서는

* 1차 세계대전 당시에 협상국과 대립했던 세력을 일컫는 말로, 독일제국, 오스트리아-헝가리제국, 오스만제국, 불가리아왕국 등으로 구성되어 있었다. 이들은 중부 유럽에 포진되어 있었기 때문에 직역하면 '중앙국'이 정확하나, '동맹국'이라는 단어로 통용되고 있다.

아직도 주전파가 주도권을 쥐고 있었기 때문이다. 이러한 동맹 구도 속에서 오스트리아-헝가리제국은 목소리를 죽일 수밖에 없는 입장이 었다.

이에 따라 카를 1세는 단독평화라도 맺기 위해 1917년 초 프랑스와 비밀리에 접촉했다. 이때 그는 부르봉-파르마 가문 출신의 아내 치타 Cita의 가족들에게 힘을 빌렸다. 그녀의 형제인 시스토와 사베리오가 협상국 편에서 싸웠는데, 바로 이들이 나서서 카를 1세와 프랑스 대통령 푸앵카레 사이의 중재자 역할을 맡은 것이다. 접촉이 시작될 수 있었던 이유는 무엇보다 카를 1세가 알자스-로렌 지역을 프랑스에 할양하는 것을 원칙적으로 인정했기 때문이다. 하지만 이러한 카를 1세의 입장은 독일제국의 이해관계와 정면으로 충돌했다. 결국 독일제국에 대한 신의와 평화에 대한 열망 사이의 갈등은 해결이 불가능한 숙제로 남았다. 1918년 초, 카를 1세가 프랑스 측에 비밀리에 약속했던 내용이 공개되자 그에 대한 독일제국 황제 빌헬름 2세의 믿음도 땅에 떨어지고 말았다. 여기에 더해 카를 1세는 자신이 개입한 사실을 부인함으로써 다른 서방 협상국들에게도 믿음을 잃었다. 그는 전쟁이 끝날 때까지 진퇴양난의 상황에서 결코 벗어나지 못했고, 이는 오스트리아-헝가리제국의 최후를 앞당기는 데 결정적 역할을 했다.

한편 합스부르크제국 내에서 내셔널리즘이 또다시 심각한 문제로 떠올랐다. 합스부르크제국은 우선 구성국들의 병력을 하나의 연합군으로 합치는 데 성공했다. 합스부르크제국이 열강들의 틈바구니에서 질서를 부여해줄 수 있는 유일한 요소로 간주되었을 뿐 아니라, 합스부르크제국만이 여러 민족 사이에 팽배했던 긴장 관계를 누그러뜨릴 수 있으리라고 여겨졌기 때문에 가능한 일이었다. 하지만 합스부르크제국은 결국에 가서는 외부의 위협을 막는 보호막 구실도, 내부를 결속하는 접착제 역할도 제대로 해내지 못했다.

이 와중에 전쟁의 승패는 보이지 않았다. 독일제국과 오스트리아-헝가리제국은 지리적으로 고립되어 있었던 탓에 국제 무역의 흐름에서 차단된 채 막심한 경제적 손실을 입은 상태였고, 전쟁 중반에 이미 양국 민중에게 돌아갈 식량까지 부족해진 상황이었다. 그럼에도 불구하고 전쟁은 4년째 계속되었다. 때마침 브레스트-리토프스크 평화조약으로 러시아가 전쟁에서 빠지자 동맹국은 1918년 초 결판을 짓기 위해 동부에서 동원할 수 있는 모든 자원을 쥐어짜 서부전선에 투입했다.

하지만 1918년 여름, 미국에서 증원군이 대규모로 쏟아져 들어오면서 협상국은 최후의 전면 공세를 펼쳤고, 이로 인해 독일제국과 오스트리아-헝가리제국은 군사적으로 더이상 손쓸 도리가 없는 지경에 이르렀다. 같은 해 가을, 결국 동맹국 진영은 대내외적으로 급격하게 붕괴하고 말았다. 이때 합스부르크 가문과 호엔촐레른 가문을 비롯한 중부 유럽의 모든 군주제가 몰락을 맞이했다. 하지만 무엇보다 중요한 것은 중부 유럽과 동유럽의 지도가 새로 그려졌다는 사실이다. 물론 독일제국도 국경선 인근의 지역들을 할양해야 했으나, 그것은 오스트리아-헝가리제국이 입은 치명상에 비해선 아무것도 아니었다. 단일 민족국가가 아니었던 오스트리아-헝가리제국은 각 민족별로 영토가 산산조각 나고 만 것이다. 특히 프랑스가 이 과정을 마지막까지 밀어붙였는데, 프랑스의 주요 세력들이 합스부르크제국의 소멸을 목표로 했기 때문이다. 1918년 9월 26일, 체코 국가평의회가 파리에서 서방 강국들의 승인을 받았으며, 이후 체코 국가평의회는 체코슬로바키아의 독립을 선언했다. 같은 해 10월 16일, 크로아티아인과 슬로베니아인, 세르비아인이 중심이 되어 국가평의회를 창설했고, 이는 유고슬라비아의 탄생으로 이어졌다.

카를 1세는 오스트리아-헝가리제국이 와해되는 것을 막기 위해 마지막 수단을 썼다. 1918년 10월 18일, 오스트리아-헝가리제국을 개별 민족국가로 구성된 연방제로 전환하겠다는 성명서를 발표한 것이다. 하지만 이것만으로는 오스트리아-헝가리제국의 붕괴를 멈출 수 없었다. 1918년 10월 13일, 헝가리마저 오스트리아와의 결별을 선언함에 따라 오스트리아는 마침내 절벽 밑으로 떨어졌다. 이와 더불어 오스트리아의 마지막 황제가 이끌었던 정부가 해산됐고, 그뒤를 이어 사회민주당의 카를 레너가 정무를 담당하게 되었다. 11월 3일, 오스트리아는 휴전 조약에 서명해야 했고, 이에 따라 남티롤을 이탈리아에 할양해야만 했다. 11월 11일, 카를 1세는 '정무의 모든 부분에서jeden Anteil an den Staatsgeschäften'에서 사퇴하겠다는 성명서에 서명했으나, 치타 황후는 퇴위하라는 모든 압박에 완강하게 저항했다. '정무의 모든 부분에서'라는 부분이 다소 애매모호했고 성명서에 공식적으로 퇴위한다는 표현도

언급되지 않았으나, 이 성명서는 사실상 합스부르크 가문의 종말을 의미했다. 독일제국의 황제와 다른 독일 영방군주들도 비슷한 시기에 왕관을 내려놓았다. 11월 9일에 독일에서 공화정이 선포된 것처럼, 11월 12일 오스트리아에서도 공화정이 선포되었다.

# 에필로그

결국 합스부르크제국은 갈가리 찢어지는 운명을 면치 못했다. 합스부르크 가문은 약 600년 전인 1282년에 오스트리아를 봉토로 하사받으면서 오스트리아에 중요한 입지를 마련했고, 그 이후 '오스트리아 가문'이라는 이름을 자주 사용했을 뿐 아니라 부유한 수도 빈까지 손에넣었다. 따라서 오스트리아가 합스부르크 가문의 광대한 세습영토 가운데 심장부 역할을 해왔다고 해도 과언이 아니다. 하지만 이제 상황은 달라졌다. 과거 오스트리아-헝가리제국의 전체 면적 67만 7천 제곱킬로미터(현재 독일 면적의 약 두 배) 가운데 순수 오스트리아 면적이 8만 4천제곱킬로미터에 불과했던 것을 생각하면 오스트리아는 이제 강대국에서 한낱 영토 조각으로 전락했다. 그럼에도 불구하고 빈에는 오토 왕조시대에 제작한 신성로마제국 황제관이 여전히 보관되어 있었다. 또한 합스부르크 가문은 도나우 군주국과 동의어로 여겨진 것은 물론이고 유럽 동남부의 광활한 영토를 지탱하는 대들보였고, 유럽의 보편사를 논할 때 빼놓을 수 없을뿐더러 살아 있는 독일의 역사나 마찬가지였다. 따라서 민주주의 원칙에 따라 선출된 오스트리아의 국민의회가 오스트리아-헝가리제국의 해체로 크게 축소된 영토를 지칭하기 위해 1918년에 '독일계 오스트리아Deutsch-Österreich'라는 단어를 선택하고 오스트리아를 독일공화국으로 편입시키기 위한 의도를 내비친 것은 놀랄 일이 아니다. 더군다나 오스트리아-헝가리제국 내 비독일어권 지역들이 완전히 떨어져나가면서 모두 각자의 길을 가는 상황이었기에, 프랑크푸르트 국민의회에서 논쟁의 대상이 되었던 대독일주의를 가로막는 걸림돌이 갑자기 사라진 것처럼 보였다. 그러나 이때 협상국이 나서서 패전국들의 힘이 커지는 것을 막기 위해 독일과 오스트리아의 통일을 금지했고, 생제르맹 조약과 베르사유 조약을 통해 오스트리아와 독일이 합치지 못하도록 못을 박았다.

한편 오스트리아 국민의회는 오스트리아-헝가리제국 내 모든 독일어권 지역을 독일계 오스트리아의 영토로 선포했다. 대표적인 예로 남티롤과 보헤미아 및 모라비아를 들 수 있는데, 여기에는 헤프, 카를로비바리 등의 도시를 포함한 독일계 보헤미아 지역과 주데텐란트 등이 포함되어 있었다. 하지만 이탈리아가 남티롤을 합병하고 체코슬로바키아가 보헤미아와 모라비아의 영유권을 주장하고 나서면서 오스트리아 국민의회의 계획은 무위로 돌아갔다. 동남부에서 이뤄진 영토 재

편도 문제가 많았다. 이곳에서
는 유고슬라비아가 탄생했는
데, 유고슬라비아는 1990년대
전쟁을 겪은 끝에 해체되고 말
았다. 결과적으로 합스부르크
제국의 지배를 받았던 지역들
은 20세기 내내 분쟁의 소용돌
이에 휘말렸다. 처음에는 히틀
러의 노리개로 전락하는가 싶
더니, 어느 사이 소련의 먹잇감
이 되어버렸다. 이제 인종과 민
족 사이의 갈등은 추방과 인종
청소, 섬멸전 등 극단적 형태로

오스트리아제국 황제 카를 1세와 황후 치타의 헝가
리 국왕 대관식의 한 장면. 1916년 12월 30일에 부
다페스트의 마차시 성당에서 거행되었다. 장남 오
토 폰 합스부르크의 모습도 보인다.

치달았는데, 종교 갈등의 시대에 자행된 몇몇 만행을 제외하면 합스부
르크 군주제 아래 이런 종류의 극악무도한 폭력은 찾아보기 힘들었다.

합스부르크 가문은 1918년에 권좌에서 축출당한 것을 우선 받아들
이지 않았다. 카를 1세는 공식적으로 퇴위할 의사가 없었던 탓에 1919년
에 스위스로 망명을 떠나야만 했다. 헝가리 왕으로서 적법한 권리가 남
아 있다고 생각한 그는 스위스에서 망명 중이던 1921년에 헝가리 왕
위를 되찾으려고 두 차례나 시도했다. 1921년 가을에 이루어진 두 번
째 시도에서 카를 1세는 자신의 뜻을 실현하기 위해 충성스러운 군대

를 모으는 데 성공해 부다페스트로 진격했다. 하지만 그는 헝가리의 왕국 섭정 호르티 미클로시가 이끈 군대에 저지당한 후 체포되고 말았고, 서방 강국들의 압력을 받은 헝가리 국민의회는 카를 1세를 공식적으로 폐위하기에 이르렀다. 치타와 함께 마데이라제도의 푼샬로 추방당한 카를 1세는 그곳에서 망명생활을 시작한 지 4개월 반 만에 눈을 감았다. 1922년 4월 1일, 합스부르크 가문의 마지막 황제가 마침내 역사의 뒤안길로 사라진 것이다.

이때 열 살에 불과했던 카를 1세의 장남 오토 폰 합스부르크는 왕위 계승 교육을 받으며 자랐다. 카를 1세가 서거한 이후에도 어머니 치타는 군주 자리를 계승할 수 있도록 오토를 계속 준비시켰다. 합스부르크 가문은 여전히 황위를 포기하지 않은 상태였기에 오토는 옛 합스부르크 세습영토에 입국하는 것 자체가 불가능했다. 게다가 1919년에 제정된 후 1920년에 오스트리아 헌법에 포함된 합스부르크 법안 Habsburgergesetz은 합스부르크 가문이 오스트리아에서 복위하기 위한 일체의 활동을 사전에 차단했다. 그럼에도 불구하고 오토는 1930년대에 오스트리아를 위해 의미 있는 역할을 했다. 이때 나치 독일의 공격적 태도에 제동을 걸기 위해, 합스부르크 가문을 내세운 후 합스부르크 가문의 힘을 빌려 오스트리아가 히틀러 치하의 독일에 병합되는 것을 막는 방안이 고려되었기 때문이다. 하지만 이미 잘 알려져 있다시피 이 계획은 실패로 돌아갔고 오토는 나치의 유럽 팽창을 피해 미국으로 망명해야 했다. 그는 그곳에서 미국의 프랭클린 루스벨트 대통령과 영국의 윈스턴 처칠 총리와 접촉했고, 그들의 도움으로 2차 세계대전 후 중부 유럽의 질서 재편에 영향을 끼칠 수 있게 되었다. 처칠은 심지어 과거 합스부르크제국의 지배를 받았던 영토에서 오토를 요직에 앉힐 생각까지 했다. 소련의 세력 확장을 저지하기 위한 계획이었으나 이 역시 수포로 돌아갔고, 구합스부르크제국의 핵심 지역이라고 할 수 있는 헝가리와 체코슬로바키아가 중부 유럽을 향한 스탈린의 팽창 정책의 희생양이 되고 말았다. 최소한 오스트리아는 스탈린의 손아귀에서 벗어날 수 있었으나, 1955년의 국가조약Staatsvertrag*을 통해 중립 공화국으로 독립할 당시 1919년의 합스부르크 법안을 유지하라는 소련 측의 조건을 받아들여야만 했다. 1961년, 오토는 공식적으로 계승 권리를 모두 포기하고 나서야 40년 이상의 망명 생활을 끝내고 선조들이 통치했던 땅을 밟을 수 있었다.

유럽에서 지리적으로 가장 광대한 영토를 호령한 것은 물론이고 유럽 역사에 막대한 영향력을 미친 통치 가문의 후손이었던 오토는 이제 오스트리아 밖에서 정치적으로 중요한 역할을 맡게 되었다. 에스파냐 총통 프랑코는 합스부르크 가문이 거의 200년 동안 에스파냐를 통치했던 역사를 고려해 자신의 사후에 오토를 에스파냐의 국왕으로 삼고자 했다. 하지만 오토는 부르봉 가문을 추천하며 에스파냐 왕위를 거절했

* 1955년 5월 빈에서 오스트리아가 미국, 영국, 프랑스, 소련 등 4개국과 체결한 조약으로 정식 명칭은 '독립적·민주적 오스트리아의 재건을 위한 국가조약'이다.

오토 폰 합스부르크, 2004년.

다. 다른 한편 오토는 1979년부터 1999년까지 독일의 기독교 사회당연합(CSU)의 당원으로 유럽의회에서 활동했으며, 특히 1990년대에 들어서 발칸 위기가 터졌을 때 과거의 정치적 네트워크와 가문의 명성을 시의 적절하게 활용했다. 공화국과 의회민주주의가 뿌리내린 현시대에 합스부르크 가문이 복위하거나 새로운 전성기를 맞이할 일은 영영 없을 것이다. 그러나 합스부르크 가문은 장대한 역사를 모아둔 기억의 저장고인 동시에 수많은 관계가 복잡하게 뒤엉킨 실타래와도 같았기 때문에, 동반 성장을 지향하는 오늘날의 유럽 공동체를 제대로 이해하고 성공적으로 이끄는 데 합스부르크 가문의 의미를 빼놓을 수 없을 것이다.

# 옮긴이의 말

안드레아 C. 한저트의 《아주 짧은 합스부르크사》(원제: Die Habsburger)
는 한때 유럽을 주름잡았던 합스부르크 가문의 역사적 발자취를 숨 가
쁘게 되돌아본 책이다. 그렇다 보니 충분히 설명되지 않은 부분들이 있
을 수밖에 없다. 더군다나 합스부르크 가문은 현대 독일의 전신이라고
할 수 있는 신성로마제국에서 수백 년 동안 제일인자로 군림했는데, 신
성로마제국의 정치 체제는 오늘날 우리에게 익숙한 정치 체제와 차이
가 많이 난다. 따라서 여기선 독자의 이해를 돕기 위해 핵심 개념인 '왕
König', '황제Kaiser' 그리고 '제국의 신분 대표자Reichsstände'를 간단하게
나마 설명해보고자 한다.*

---

* 주요 개념들에 대해서는 아래 책들을 참고했다. Gotthard, Axel. *Das Alte Reich 1495-*

우선 독일의 왕은 게르만족 전통에 기반을 두고 있었다. 고대 고지 高地 독일어 kuning에서 유래한 왕은 게르만족의 각 부족을 이끌었던 인물로, 타키투스는 게르만족의 왕들을 reges(라틴어 rex(왕)의 복수형) 라고 지칭했다. 게르만족의 이동과 서로마제국의 멸망으로 서유럽에 서는 다양한 게르만족 왕국이 세워졌다. 그 가운데 끝까지 살아남은 프 랑크왕국은 카롤루스 왕조 시대에 전성기를 맞이했으나, 카롤루스 대 제 사후 분열을 거듭하다 결국 서프랑크왕국과 동프랑크왕국으로 쪼 개졌다. 이 중 동프랑크왕국에서는 오토 왕조 시대에 이르러 왕권이 다 시 강화되었는데, 독일의 왕은 바로 이 오토 왕조 시대에 '프랑크인의 왕rex Francorum'으로 불렸고, 오토 왕조의 마지막 군주인 하인리히 2세 통치기에 '로마인의 왕rex Romanorum'이라는 표현이 등장했다. 로마인 의 왕이라는 칭호는 이후 잘리어 왕조 시대에 이르러 로마 황제에 대 한 정당성을 드러내기 위해 집중적으로 사용되기 시작했으며, 막시밀 리안 1세 때 '독일의 왕Rex in Germania'이라는 칭호도 등장했다. 현대 독 일 역사가들은 고대 로마의 왕과 구분하기 위해 '로마·독일 왕Römisch- deutscher König'이라는 단어를 주로 쓴다. 따라서 이 책에 나오는 로마 왕,

*1806*, Darmstadt, 2003; Hartmann, Peter Claus. *Das Heilige Römische Reich deutscher Nation*, Stuttgart, 2005; Schulze, Hans K. *Grundstrukturen der Verfassung im Mittelalter, Band 3: Kaiser und Reich*, Stuttgart, 1998; Schulze, Hans K. *Grundstrukturen der Verfassung im Mittelalter, Band 4: Das Königtum*, Stuttgart, 2011; Stollberg-Rilinger, *Barbara. Das Heilige Römische Reich deutscher Nation*, München, 2006.

독일 왕, 로마·독일 왕은 같은 의미로 사용된다고 볼 수 있다.

　게르만족 관습에서 가장 중요한 특징은 왕이 선출을 통해 정해졌다는 것이다. 이때 물론 현시대의 선거를 생각하면 안 된다. 대부분의 경우 후보는 한 명에 불과했고, 왕을 선출할 때 혈통이 가장 중요한 요소로 작용했다. 게다가 메로베우스 가문과 카롤루스 가문이 지배했던 시대에는 선거 자체가 거의 치러지지 않았고, 911년에 동프랑크왕국에서 카롤루스 가문의 대가 끊기고 나서야 작센족, 바이에른족, 알레마니족 등 여러 부족의 대표자가 다시 국왕 선거를 치르기 시작했다. 그러다가 슈타우펜 왕조 시대에 이르러 부족보다 제후국의 중요성이 커지면서 12세기 말부터는 국왕 선거도 제후들을 중심으로 이루어졌고, 결국에 가서는 1356년 선거인단이 7명의 제후로 좁혀졌다(17세기에 9명까지 늘어났다가 18세기에 다시 8명으로 줄어든 후, 마지막에 가서는 10명이었다). 이렇게 선거권을 독점한 제후들을 '선제후Kurfürst'라고 한다(독일어 Kur는 선거를 뜻하는 고대 고지 독일어 kuri에 기원을 두고 있다).

　국왕 선거는 1356년 금인칙서가 반포되면서 큰 변화를 겪었다. 금인칙서에는 프랑크푸르트에서 선거가 이루어지고 마인츠 대주교가 선제후 회의를 소집한다는 내용 외에도 수행원의 규모, 선거 기간 동안 프랑크푸르트 시민들이 맡은 의무 등 여러 사항이 명시되어 있다. 금인칙서는 특히 2명의 왕이 동시에 선출되는 것을 막고자 다수결의 원칙을 도입했고, 선제후들이 프랑크푸르트의 성 바르톨로메우스 성당에 모여 어떤 순서로 투표해야 한다는 것까지도 규정했다. 이에 따르면 트리어 대주교가 첫 번째로 투표하고, 그의 뒤를 이어서 쾰른 대주교, 보헤미아 국왕, 라인 궁정백, 작센 공작, 브란덴부르크 변경백이 돌아가면서 투표한 다음 마지막으로 마인츠 대주교가 표를 던졌는데, 투표 결과 동수가 나오면 마지막으로 투표한 마인츠 대주교가 누구를 왕으로 뽑을지 결정했다. 이때 선제후가 직접 참석하지 못할 경우, 전권을 위임받은 대표자가 대리 투표할 수 있었다.

이렇게 해서 왕이 프랑크푸르트에서 선출되면 아헨에서 대관식을 거행했다. 이 전통은 오랜 시간 지켜지다가 막시밀리안 2세가 왕으로 즉위한 1562년에 깨졌다. 프랑크푸르트에서 선거를 한 후, 같은 도시에서 대관식까지 거행했기 때문이다. 그 이후로 선거와 대관식 모두 프랑크푸르트에서 치러졌다.

이처럼 새롭게 즉위한 왕이 주요 통치 수단으로 삼았던 것은 왕국 재산, 즉 성과 마을, 숲, 농촌, 도시 등을 비롯한 왕의 땅이었다. 이때 왕은 왕국 재산을 선물로 주거나 봉토로 수여함으로써 제후들을 같은 편으로 만들 수도 있었고, 자금을 마련하기 위해 왕국 재산을 담보로 맡길 수도 있었다. 따라서 왕국 재산을 지키는 게 매우 중요했는데, 대공위 시대에 이르러 왕국 재산이 크게 줄어들었다. 대공위 시대란 강력한 황권을 추구했던 슈타우펜 왕조의 프리드리히 2세가 죽은 1250년부터 (역사가에 따라선 프리드리히 2세의 차남 콘라트 4세가 죽은 1254년부터) 1273년까지 제위가 공석이었던 시대로, 확실한 우두머리가 없던 이 대혼란의 시기에 수많은 세력이 난립하며 왕국 재산을 탈취했다. 이러한 상황에서 1273년에 새로운 왕으로 선출된 합스부르크 가문 출신의 루돌프 1세는 왕권을 회복하기 위해 무엇보다 왕국 재산을 원래 상태로 돌려놓는 데 전념했다. 그 결과 루돌프 1세는 보헤미아 왕 오토카르 2세가 빼앗은 영토를 되돌려 받는 데 성공했으나, 선제후들이 대공위 시대에 손에 넣은 왕국 재산은 끝내 돌려받지 못했다. 이후 왕국 재산은 계속해서 규모가 줄어들었다. 가령 아돌프 폰 나사우와 알브레히트 1세는 왕으로 선출되는 대가로 선제후들에게 왕국 재산 일부를 넘겨줘야 했다. 또한 카를 4세는 많은 왕국 재산을 담보로 맡겼고, 이렇게 확보한 자금을 보헤미아 왕권을 강화하는 데 활용했다. 왕들은 빌린 돈을 보통 갚지 못했기 때문에 담보로 잡힌 왕국 재산은 영영 왕의 손에서 벗어났고, 결국 왕국 재산보다 가문의 세습영지에 기댈 수밖에 없는 처지가 되었다. 선제후들이 15세기에 들어서서 합스부르크 가문의 일원들을 계속해서 왕으로 선출한 것도 이와 무관하지 않다. 왕국 재산이 현저히 줄어든 상황에서 기독교 세계의 숙적이라고 할 수 있는 오스만제국과 맞설 수 있는 가문은 세습영지를 많이 보유한 합스부르크 가문밖에 없었기 때문이다.

그렇다면 황제는 왕과 어떻게 달랐을까? 우선 황제는 왕과 달리 로마 전통에 뿌리를 두고 있었다. 로마제국이 동서로 분열되고 서로마제국이 476년에 멸망한 후 동쪽의 동로마제국이 로마의 명맥을 이어갔다. 그러다가 800년에 교황 레오 3세가 프랑크왕국의 카롤루스 대제에게 황제관을 씌워준 것을 계기로 서로마제국이 새롭게 부활했다. 하지만 카롤루스 대제 사후 제국은 빠른 속도로 분열했다. 서프랑크왕국과 마찬가지로 동프랑크왕국에서도 카롤루스 가문이 왕위를 세습했으나 루트비히 4세의 서거로 동프랑크왕국에서 카롤루스 가문의 대가 끊겼다. 이에 따라 동프랑크 왕국의 지배를 받았던 작센족, 알레마니족, 바이에른족이 프랑켄 공작 콘라트 1세를 왕으로 선출함으로써 카롤루스 가문과 결별했다. 이후 작센족 출신의 하인리히 1세와 오토 1세가 연이어 왕으로 선출됨에 따라 동프랑크왕국은 서서히 독일왕국으로 변모했고, 962년 오토 1세의 황제 대관식을 통해 제국은 마침내 독일이라는 새로운 토대 위에 재건되었다.

　다른 한편, 오토 1세는 황제 대관식 바로 직전에 이탈리아 왕국을 손에 넣었기 때문에, 제국의 영역은 독일왕국과 이탈리아왕국에 걸쳐 있었다. 오토 1세는 '황제imperator'라는 칭호를 사용하는 것으로 만족했으나, 오토 3세는 동로마제국과의 경쟁에서 우위를 점하기 위해 로마 전통을 강조하는 의미에서 '로마인의 황제imperator Romanorum'라는 칭호를 사용했다. 그후 잘리어 왕조의 콘라트 2세가 1032년에 부르고뉴왕국을 차지하면서 제국의 경계선은 독일왕국, 이탈리아왕국 및 부르고뉴왕국으로 확장되었고, 슈타우펜 왕조의 프리드리히 바르바로사가 통치하던 1157년에 '신성제국sacrum imperium'이라는 명칭이 문서에 처음 등장했다. 교황과 대결하는 과정에서 제국의 종교적 권위를 내세우기 위한 이 시도는 파급력이 대단했고, 이후 '신성로마제국Sacrum Romanum Imperium'이라는 말이 차츰 자리를 잡았다. 하지만 부르고뉴 지역과 이탈리아왕국에 대한 황제의 영향력은 서서히 줄어들었고, 서임권 투쟁 과정에서 교황과 황제의 사이가 틀어졌을 뿐만 아니라 교황 보니파시오 8세 이후 교황청은 프랑스 국왕의 통제를 받게 되었다. 이에 따라 15세기와 16세기에 걸쳐 '독일 민족의 신성로마제국Sacrum Imperium Romanum Nationis Germanicae'이라는 국호가 사용되기 시작했다. 오늘날 독일의 역사가들은 이를 줄여서 '구제국Altes Reich'이라고 흔히 부른다.

이러한 신성로마제국의 꼭대기에 있었던 것이 황제이며, 앞에서 설명한 로마·독일 왕이 로마에 가서 교황에게서 황제의 관을 받으면 황제라는 칭호를 공식적으로 사용할 수 있었다. 하지만 이러한 전통은 시간이 지나면서 서서히 약해졌다. 우선 서임권 투쟁 시기에 로마·독일 왕과 교황 사이의 관계가 악화 일로를 걸으면서 많은 왕이 교황의 간섭에서 벗어나기 위해 몸부림을 쳤다. 게다가 교황 인노첸시오 3세가 왕으로 선출된 후보자라 할지라도 교황의 승인 없이는 황제가 될 수 없다고 주장하면서 선제후들까지 강하게 반발하기 시작했다. 이에 따라 선제후들은 1338년 7월 16일 렌스에 모여서 과반수를 획득한 후보자는 왕국을 다스리기 위해 별도로 교황의 승인을 받지 않아도 된다는 입장을 발표했고, 이 내용은 금인칙서를 통해 마침내 명문화되었다. 국왕 선출과 관련해서 교황과의 모든 연결고리가 금인칙서에서 빠졌기 때문이다. 또한 교황은 새로운 왕이 선출되기 전까지 공백기 동안 왕을 대신해서 통치할 권한이 자신에게 있다고 주장했는데, 금인칙서는 공백기 동안 팔츠 궁정백이 제국 서쪽을, 작센 공작이 제국 동쪽을 임시로 통치하도록 규정함으로써 교황을 왕의 선출 전후 과정에서 완전히 배제했다.

이렇듯 교황의 입김이 미치지 못하게 되자, 교황이 로마에서 주관하는 황제 대관식의 중요성도 점차 줄어들기 시작했다. 카를 4세만 하더라도 1355년 로마에서 황제 대관식을 치렀으나, 이때 교황이 아닌 추기경에게서 황제의 관을 받았다. 막시밀리안 1세는 아예 이 절차를 생략한 채 '선출된 로마 황제Erwählter Römischer Kaiser'라는 칭호를 사용했다. 결국 카를 5세가 1530년 볼로냐에서 교황에게 황제관을 받은 이후로는 교황이 주재하는 황제 대관식이 더 이상 거행되지 않았고, 프랑크푸르트에서 왕으로 선출된 군주가 같은 장소에서 마인츠 대주교나 쾰른 대주교에 의해 황제로 대관했다. 이와 더불어 왕과 황제 사이의 경계선은 갈수록 희미해졌고, 나중에 가서는 집권 중인 황제가 자신의 아들을 차기 황제로 만들기 위해 생전에 왕으로 선출되도록 손을 썼다.

그렇다면 황제는 어느 정도의 권력을 가지고 있었을까? 사실 황제라고 해서 엄청난 권력을 손에 쥔 것은 아니었다. 대부분 황제는 제국의 신분제 의회인 제국의회Reichstag의 동의를 받아야 움직일 수 있었다. 특히 새로운 제국법을 만들거나 세금을 거둘 때 제국의회의 동의는 필수였다. 하지만 황제가 독단적으로 결정할 수 있는 사항들도 있었다. 가령 대학에 특권을 주거나 제국궁정원Reichshofrat의 판사들을 임명하는 등의 권한이 여기에 속했다. 물론 제국추방령과 같이 처음에는 황제가 아무런 외부의 간섭 없이 행사했으나 나중에 가서 선제후들이 동의해야만 행사할 수 있는 권한들도 존재했다(1711년 이후에는 제국의회의 동의를 얻어야 했다).

끝으로 제국의 신분 대표자에 대해 다뤄보고자 한다. 이에 앞서 제국의 전체적인 구조를 조금 살펴보자면, 제국은 우선 크게 세 부분으로 이루어져 있었다. 맨 위에 황제가 있었고, 그 밑에 각 영방을 다스리는 영방군주가 버티고 있었으며, 가장 아래에 각 영방에서 살아가는 평민이 있었다. 영방Land은 제후들이 재판권, 화폐 주조권, 관세 징수권 등의 특권을 왕이나 황제에게서 넘겨받아 어느 정도 독립성을 보장받은 지역을 말한다. 영방을 다스리는 영방군주Landesherr들은 아우크스부르크 종교화의 이후로 자신이 통치하는 지역에서 종파를 결정할 수 있을 정도로 강력한 권한을 갖게 되었다. 하지만 영방군주들은 제국의회의 의결 사항을 이행하는 것은 물론이고 제국법원의 판결을 따라야 했기 때문에, 완전한 주권을 누린 것은 아니었다.

이러한 영방군주는 제국의 통치를 직접 받는reichsunmittelbar, 즉 황제 이외에는 다른 사람의 통치를 받지 않는 권력자였는데, 이들 가운데 제국의회에 참석하고 제국의회에서 투표할 권한을 가진 자를 제국의 신분 대표자라 부른다. 황제로부터 직접 통치를 받는 제국도시도 시의회의 대표자가 제국의회에 참석했기 때문에 제국의 신분 대표자에 속했다. 제국기사도 제국의 통치를 직접 받기는 했으나, 이들은 제국의회에 참석할 수 없어 제국의 신분 대표자에 해당하지 않았다.

1495년부터 정기적으로 열리기 시작한 제국의회가 어떻게 작동했는지를 보면 제국의 신분 대표자들이 어떻게 구성되었는지 한눈에 들어온다. 우선 황제가 제국의회를 소집하고 처리 예정인 안건들을 발표했다. 그러면 제국의 신분 대표자들은 선제후 부회, 제후 부회 및 제국도시 부회로 나뉘어 해당 안건들을 논의했다. 이때 오늘날처럼 자유롭게 자신의 의사를 표현하진 않았고, 미리 정해진 순서에 따라 입장을 밝혔다. 따라서 끝에 있는 신분 대표자들이 불리할 수밖에 없는 구조였다. 어쨌든 선제후 부회와 제후 부회에서 각각 만장일치로 하나씩 의견이 도출되면, 두 부회의 대표자가 만나서 이견을 조율한 후, 제국도시 부회의 대표자와 함께 세 부회의 공통된 입장을 만들어냈다. 다음으로 마인츠 대주교가 신분 대표자들의 공통된 입장을 황제에게 제출하고 황제가 이를 승인하면 제국의회는 폐회하면서 의사록에 기록된 의결안을 발표했고, 이 의결안은 그때부터 법적 효력을 발휘했다.

소수로 구성된 선제후 부회에서는 비교적 합의 과정이 원활했던 반면, 제후 부회에서는 의견이 하나로 모이기까지 시간이 오래 걸리는 편이었다. 제후 부회에는 성직 제후와 세속 제후, 수도원장, 백작 및 지방영주가 참가했다. 대주교나 주교 등 고위성직자가 성직 제후에 해당했는데, 성직 제후들은 교구의 참사회를 통해 선출된 데 반해 공작과 변경백을 비롯한 세속 제후들은 영지를 세습했다. 또한 성직 제후와 세속 제후는 제후 부회에서 각각 한 표를 행사한 반면, 수도원장과 백작, 지방영주는 힘과 영향력이 미미했기 때문에 여럿이 모여서 한 표를 행사했다. 수도원장 40여 명에게 두 표, 백작과 지방영주 100여 명에게 네

표가 할당된 것이다. 마지막으로 왕 내지 황제의 가장 중요한 수입원이었던 제국도시 80여 개가 모여서 제국도시 부회에서 두 표를 행사했다. 어쨌든, 선제후와 제후, 수도원장이나 백작에 이르기까지 모두 영방군주들이었기 때문에, 이 책에서 '제국의 신분 대표자'라는 단어가 나오면 영방군주와 제국도시의 대표자를 떠올리면 된다.

한편, 제국의 신분 대표자는 제국의 영토를 규정할 때 하나의 기준이 되기도 했다. 가령 토스카나, 밀라노, 만토바, 파르마 등 이탈리아에 있는 여러 지역은 엄연히 황제의 봉토로서 제국에 속했지만 실제로는 다소 애매했다. 제국의회에 참석하지도 않았고 다른 제국의 정치제도에 묶여 있지도 않았기 때문이다. 보헤미아도 비슷하다. 보헤미아 역시 황제와 봉건 관계에 있었고, 보헤미아 국왕은 선제후로서 왕을 뽑을 권한이 있었으나 1708년 이전까지는 제국의회에 참석하지 않았다. 반면 외국의 왕이 제국의 신분 대표자인 특이한 경우도 있었다. 가령, 홀슈타인 공작을 겸한 덴마크 왕은 홀슈타인 공작으로서 제국의회에 참가했고 스웨덴 왕은 1648년 이후 포어포메른을 통치했기 때문에 포어포메른 공작으로서 제국의회에 참가했다.

이외에도 낯선 개념들이 수두룩했고, 수많은 인명과 지명이 여기저기 등장하는 바람에 골머리를 앓았다. 좌절감을 느낄 때마다 큰 힘이 되어주고 끝까지 번역 작업을 해나갈 수 있도록 배려해준 가족들에게 이 지면을 빌려 감사의 말을 전하고 싶다. 특히 통번역의 길로 안내해

주신 안인경 교수님과 멘토로서 따뜻한 격려를 아끼지 않으신 조 작가님께 깊은 감사를 표한다. 또한 이 책의 출간을 결정해준 도서출판 책과함께와 이 원고를 마지막까지 꼼꼼하게 다듬어주신 권준 편집자를 비롯한 편집부에도 진심으로 고마움을 전한다. 이 책을 우리말로 옮기게 되어 영광이지만 혹여 지은이의 의도를 잘못 전달한 부분이 있지는 않을지 걱정이 되는 것도 사실이다. 혹시 그런 문제가 있다면 그것은 모두 옮긴이의 부족함 탓이며, 독자 여러분께 건설적인 지적을 바란다.

2025년 2월
조한밀

# 찾아보기

# 아주 짧은 합스부르크사

유럽에서 가장 다사다난했던 한 가문의 이야기

1판 1쇄 2025년 2월 28일

지은이 | 안드레아 C. 한저트
옮긴이 | 조한밀

펴낸이 | 류종필
편집 | 권준, 이정우, 이은진
경영지원 | 홍정민
교정교열 | 오효순
표지 디자인 | 석운디자인
본문 디자인 | 박애영

펴낸곳 | (주)도서출판 책과함께
　　　　주소 (04022) 서울시 마포구 동교로 70 소와소빌딩 2층
　　　　전화 (02) 335-1982
　　　　팩스 (02) 335-1316
　　　　전자우편 prpub@daum.net
　　　　블로그 blog.naver.com/prpub
　　　　등록 2003년 4월 3일 제2003-000392호

ISBN 979-11-94263-29-6　03920